# Meu corpo e suas imagens

**Obras de J.-D. Nasio publicadas por esta editora:**

9 lições sobre arte e psicanálise

5 lições sobre a teoria de Jacques Lacan

Como agir com um adolescente difícil?

Como trabalha um psicanalista?

A criança do espelho
(com Françoise Dolto)

Édipo
*O complexo do qual nenhuma criança escapa*

Os grandes casos de psicose

A histeria

Introdução às obras de Freud, Ferenczi, Groddeck, Klein, Winnicott, Dolto, Lacan

Lições sobre os 7 conceitos cruciais da psicanálise

O livro da dor e do amor

Meu corpo e suas imagens

O olhar em psicanálise

Os olhos de Laura

Por que repetimos os mesmos erros

O prazer de ler Freud

Um psicanalista no divã

Psicossomática
*As formações do objeto* a

O silêncio na psicanálise

**Em formato de bolso:**

A dor de amar

A dor física
*Uma teoria psicanalítica da dor corporal*

A fantasia
*O prazer de ler Lacan*

Introdução à topologia de Lacan

J.-D. Nasio

# Meu corpo e suas imagens

Tradução:
André Telles

ZAHAR

Título original:
*Mon corps et ses images*

Tradução autorizada da nova edição francesa, revista e aumentada,
publicada em 2008 por Payot & Rivages, de Paris, França


Jorge Zahar Editor Ltda.
rua Marquês de S. Vicente 99 – 1º | 22451-041 Rio de Janeiro, RJ
tel (21) 2529-4750 | fax (21) 2529-4787
editora@zahar.com.br | www.zahar.com.br



Capa: Sérgio Campante

CIP-Brasil. Catalogação-na-fonte
Sindicato Nacional dos Editores de Livros, RJ

---

Nasio, J.-D. (Juan David)
N211m Meu corpo e suas imagens / J.-D. Nasio; tradução André Telles.
— Rio de Janeiro: Zahar, 2009.

Tradução de: Mon corps et ses images
Inclui bibliografia
ISBN 978-85-378-0128-4

1. Psicanálise. 2. Imagem corporal – Aspectos psicológicos. I. Telles, André. II. Título.

CDD: 150
09-0529 CDU: 159.9

---

# *Sumário*

# *Prefácio à edição brasileira*

A acolhida mais que generosa desfrutada por este livro na França leva-me a oferecê-lo ao leitor de língua portuguesa. Dentre as diversas reações que chegaram a mim por ocasião da publicação da edição francesa, havia as que provinham do domínio das neurociências. Com efeito, fiquei particularmente feliz em saber que recentes trabalhos neurocientíficos sobre a imagem do corpo* resultavam nas mesmas conclusões que as minhas, extraídas, não obstante, da velha teoria freudiana, que não cesso de interpretar à luz da prática com meus pacientes.

Gostaria de aproveitar este prefácio para lhes apresentar desde já a ideia medular que dá vida a este livro. O que quer dizer *sentir seu corpo*? Basicamente, temos o corpo de carne, nervos e ossos. Para mim, esta é a fonte. É o que denominamos corpo real, matéria viva em que nasce a excitação seguida por sua resposta. Digamos que o corpo real é o lugar onde se

* M.J. Giummarra, S.J. Gibson, N. Georgiou-Karistianis e J.L. Bradschaw, "Mechanisms underlying embodiment, disembodiment and loss of embodiment", in *Neuroscience and Biobehavioral Reviews*, 2008, 32, p.143-60.

produz o acontecimento sensorial bruto, independentemente da pessoa que vive o acontecimento. É um acontecimento sem sujeito, acéfalo.

Em seguida, temos a representação mental do citado acontecimento. É apenas agora que introduzo o *sujeito*, ator do acontecimento. Com efeito, não pode haver acontecimento sensorial sem que um sujeito o registre sob a forma de uma representação. Chamo essa representação psíquica, consciente ou não, de *imagem mental do corpo*. Em outras palavras, toda sensação percebida imprime inevitavelmente sua imagem; toda sensação real é necessariamente duplicada por uma virtualidade. A dor aguda de uma entorse, por exemplo, não é, como vocês poderiam julgar, a reação dolorosa do tornozelo a uma ruptura dos ligamentos. Não é meu tornozelo que está doente, sou *eu* que estou doente. O grande Leonardo da Vinci qualificava a pintura como *cosa mentale* porque a pintura – pensava ele – não está na tela, mas na cabeça daquele que a pinta ou do espectador que a contempla. Pois bem, para nós, psicanalistas, o corpo não existe no espaço, existe na cabeça daquele que o carrega. O corpo também é *cosa mentale*. Não há dor física pura fora de nós, a dor existe em nós, mentalmente em nós. É uma dor que vibra na cabeça, uma dor experimentada, ou seja, representada. Pois, sem a representação, o acontecimento doloroso não seria sentido. Resumindo: para que uma dor seja vivida, é preciso, naturalmente, o substrato sensorial, ou, se preferirem, a ativação do circuito nociceptivo, mas é preciso, acima de tudo, que se imponha a nós, sem que nos apercebamos disso, a representação mental do acontecimento doloroso e, simultaneamente, o surgimento da emoção aflitiva que o acompanha.

Mas o que representamos ao certo experimentando uma sensação? A imagem da sensação é, principalmente, a representação ora nítida, ora confusa, ora inconsciente, da zona corporal onde se produz o acontecimento sensorial. Essa imagem que se grava automaticamente em nosso psiquismo assim que uma sensação nasce em nossa carne, deve ser referida a três parâmetros eminentemente psicanalíticos: o *afeto*, o *outro* e o *tempo*. Com efeito, toda imagem de uma sensação física só é imagem se for investida. O que quer dizer "investida" senão que ela mobiliza grande parte de minha energia psíquica sob a forma de uma emoção análoga ao acontecimento sensorial; emoção que pode ser agradável ou desagradável, divertida ou dolorosa? Porém, "investida" também quer dizer que dou sentido ao que sinto: toda experiência corporal significa alguma coisa para mim.

Entretanto, o investimento libidinal não basta para que um acontecimento sensorial seja representado e vivido, é preciso também que ele esteja ligado à presença interiorizada do *outro*. Em suma, é preciso o afeto, decerto, mas também o outro. Se sinto uma dor, é sempre em referência ao outro. Enfim, o terceiro parâmetro que define a imagem da sensação corporal é o tempo. Pois não podemos conceber a representação mental de uma experiência física como se fosse uma única representação; ela é necessariamente precedida e seguida por uma representação semelhante. Observem que cada elo dessa cadeia repetitiva pode ser uma representação, consciente ou não.

Ora, esse conjunto diacrônico de representações afetivamente investidas, impregnadas pela presença interiorizada do outro e repetindo-se em nossa história, constitui o conjunto das imagens mentais do corpo. É justamente essa constelação de imagens – réplica virtual das inumeráveis excitações e comoções que atravessam nosso corpo – que me dá a sensação de existir num corpo vivo e de ser eu.

Gostaria de encerrar este prefácio com uma homenagem aos meus pacientes, que, pela intensidade de sua presença, me ensinaram quanto o corpo é o mais seguro revelador do inconsciente. Com eles, adquiri a convicção de que o corpo, mais ainda que o sonho, é a via régia que leva ao inconsciente.

★

Tenho grande interesse pelo tema do corpo. Trabalho esse tema fervorosamente há longos anos. Trabalhar um tema fervorosamente é sentir prazer com ele, mas também dificuldade em apreendê-lo e moldá-lo como uma massa conceitual. Esse esforço alegre e doloroso ao mesmo tempo, essa luta de um pensamento que se empenha em depurar uma noção complexa, é como o enlace amoroso, sensual e lúdico de um criador às voltas com a matéria. Incansável, ele a empunha, morde e possui até alcançar a simplicidade. Inegavelmente, o maior prazer de um autor é revelar o essencial de um conceito na simplicidade de uma demonstração. Uma vez fechado este livro, vocês me dirão se acertei em minha aposta. Para sabê-lo, há um sinal irrefutável: pergunte-se, no silêncio de sua leitura, se você teve a sensação de encontrar claramente formulado o que, confusamente, já sabia.

Mas qual é o conteúdo deste livro? À guisa de resposta, peço-lhes para pensar em vocês quando, esta manhã, deram uma última olhada no espelho. Você se achou ótima ou cheia de rugas, demasiado gorda ou magra. E o senhor, cavalheiro, cansado e maldormido, sentiu as pernas pesadas, ou, ao contrário, bem-disposto e barbeado, camisa escolhida a dedo, teve esta manhã a sensação de estar leve e inteligente, a mil, para enfrentar o dia. Em suma, pensar em como todas as manhãs vocês se defrontam com sua imagem do corpo, ou melhor, duas imagens do corpo: seu reflexo visível no espelho (você se viu bela ou com rugas) e uma segunda imagem, mais difícil de admitir porque ela não é vista, já que é a imagem mental de suas impressões sensoriais frequentemente fugazes e imprecisas (você se sentiu pesado ou leve). Eis em ato suas duas imagens do corpo: a do corpo que vocês veem e a do corpo que vocês sentem; a visível no espelho e a registrada em sua consciência. Logo, distinguimos duas imagens do corpo complementares e interativas. Proponho-lhes estudar cada uma delas através de uma interpretação pessoal do pensamento de duas eminentes personalidades da psicanálise contemporânea, Françoise Dolto e Jacques Lacan, dois apaixonados pelo enigma do corpo e suas imagens. Dolto, com seu conceito de imagem inconsciente do corpo, lançou as bases de nossa teoria da imagem mental do corpo. Quanto a Lacan, introduziu o conceito que se tornou indispensável à nossa clínica, o de imagem especular, conceito que se refere à imagem do espelho e seu poder de fascinação. Assim, dedicaremos o primeiro capítulo a uma leitura crítica do conceito doltoniano, e o segundo a uma leitura igualmente interpretativa da noção lacaniana de imagem especular. Porém, além dos conceitos de imagem inconsciente do corpo, de Dolto, e de imagem especular, de Lacan, eu gostaria de lhes submeter uma proposição que atravessa nosso livro de uma ponta a outra, a saber, que o *eu*, isto é, a sensação inefável de sermos nós mesmos, não é nada mais que a fusão íntima de nossas duas imagens do corpo: a imagem mental de nossas sensações físicas e a imagem visível de nosso corpo no espelho. Em suma, considero a imagem do corpo a própria substância de nosso *eu*.

Agora, cabe a você, leitor, caminhar, ora lentamente, ora prestamente, arrebatado pelo prazer de compreender.

# 1. O conceito de imagem inconsciente do corpo, de Dolto: nossa interpretação

• A imagem inconsciente do corpo é a imagem das sensações

• A imagem inconsciente do corpo é o traço indelével deixado pelas sensações mais pregnantes de nossa infância

• Três componentes da imagem inconsciente do corpo: a imagem básica, a imagem funcional e a imagem erógena

• Duas condições para que uma sensação tenha sua imagem no inconsciente: que emane de um corpo infantil marcado pela presença de uma mãe desejante e desejada pelo pai da criança e, segunda condição, que ela se repita com frequência

• A imagem inconsciente do corpo é a imagem de um ritmo

• Como um psicanalista que trabalha com o conceito de imagem inconsciente do corpo escuta seu paciente? Dois exemplos clínicos: "A menininha com boca de mão" e "O bebê que cuidava da mãe"

• O psicanalista fala a língua da imagem inconsciente do corpo de seu paciente

> "Tudo que uma criança de dois anos já viu sem compreender nunca volta à sua memória, exceto em sonhos. Apenas o tratamento analítico será capaz de lhe revelar esses acontecimentos."
>
> FREUD

A imagem inconsciente do corpo é um dos conceitos mais importantes da psicanálise contemporânea. Françoise Dolto forjou-o na prática de seu trabalho com crianças e retomou-o constantemente, sob diferentes formas, ao longo de toda a sua reflexão. Vou apresentar-lhes uma interpretação, minha interpretação, desse conceito, depurada e adaptada ao processo de trabalho com meus pacientes, não apenas com crianças, mas também com adolescentes e adultos. Ao escrever estas páginas, concentrei-me no que é, a meu ver, o essencial da teoria da imagem inconsciente do corpo. Françoise Dolto definiu e abordou essa noção sob múltiplos aspectos, às vezes bem diferentes, até mesmo contraditórios, mas sempre complementares. Minha preocupação foi descobrir um fio condutor, revelar a lógica oculta desse conceito e, sobretudo, mostrar seu alcance clínico. Sim, acima de tudo seu alcance clínico, porque é em sua aplicação prática que ele assume todo o seu valor. Dessa forma, gostaria de lhes propor um conceito que vocês poderão cotejar com sua experiência. Desejo vivamente que a leitura destas páginas tenha uma influência benéfica sobre sua maneira de escutar seus pacientes. Além disso, neste capítulo, vocês verão aparecer muitas vezes as palavras "criança", "corpo da criança" e outras expressões ligadas à infância; saibam, porém, que elas não se limitam à criança enquanto tal, estendendo-se à eterna criança que sobrevive no adulto. Desde as primeiras páginas vocês compreenderão que a imagem inconsciente do corpo formada na cabeça de um bebê permanece ativa durante toda a vida. Por conseguinte, quando lerem a palavra "criança", peço-lhes que pensem não somente na criança que está ao seu lado, mas também em vocês mesmos, adultos, que preservam dentro de si, sempre vivos, o garotinho ou garotinha que foram.

★

Formulemos agora a pergunta que faz todo terapeuta ao sentir-se desarmado diante de um paciente com dificuldade de se comunicar. Como – interroga-se ele – relacionar-me com uma criança incapaz de manifestar seu mal-estar com palavras e que só tem seu corpo para se exprimir incipientemente?

Para responder, peço-lhe para imaginar que você é, você, leitor, terapeuta de uma criança de cinco anos que sofre. O pequeno paciente está sentado à sua frente e se mostra arredio. Você observa sua atitude corporal, a expressividade de seu rosto, interessa-se por seus desenhos e modelagens e tem presentes no espírito os sintomas pelos quais seus pais e ele vieram consultá-lo. Você é também e acima de tudo receptivo a todas as manifestações afetivas que ele pode expressar durante a sessão. Entretanto, apesar de toda a atenção que lhe dispensa, você não consegue compreender essa criança, não consegue dar um sentido ao que ela diz ou faz. Você quer se comunicar com ela, mas não consegue penetrar no seu mundo. Ainda assim, tem uma convicção íntima e profunda, uma certeza que, por si só, o levará à criança no que ela tem de única. Se você está imbuído dessa convicção, você realizará o contato. Que convicção é essa? Que certeza é essa? Ei-la: todo ser humano, seja qual for seu sofrimento, quer falar com o outro. Se fôssemos definir o ser humano, diríamos: o ser humano é aquele que tem a vontade irredutível, a necessidade imperiosa de comunicar-se com outro ser humano. Eis o princípio soberano, a premissa indiscutível que preside a toda escuta analítica e funda o conceito de imagem inconsciente do corpo. Para Françoise Dolto, a primeira célula embrionária já é uma pessoa totalmente peculiar, porque essa célula é animada pelo impulso poderoso de se unir ao outro, e em primeiro lugar dirigir-se à mãe que a carrega em seu ventre. Logo, o outro já está lá, muito antes do nascimento, como o interlocutor imanente à nossa humanidade. Enquanto Lacan enunciava: "O desejo do homem é o desejo do Outro", digo eu agora: *O desejo do homem é o desejo de se comunicar com o outro.*

Portanto, você tem certeza de que a criança sentada à sua frente, embora aparentemente arredia, espera se comunicar. Espera impacientemente se comunicar, encontrar o seu outro. Quer encontrar alguém que lhe diga palavras que lhe falem, que ressoem nela, palavras que poderiam ter sido as suas se ela soubesse dizer seu sofrimento. Quer encontrar alguém que a reconheça tal como é e ali onde é. Ora, é exatamente nesse instante, quando você é chamado a responder à sua expectativa premente, quando sente que deve intervir e não sabe o que dizer, que se lhe impõe a necessidade de recorrer ao conceito de imagem inconsciente do corpo. Mas por que recorrer a ele? Para que serve esse conceito? Quando estou diante de uma noção complexa, pergunto-me sempre: "De que problema ela é a solução?" Pois bem, de que problema o conceito de imagem inconsciente do corpo é a solução? A que pergunta ele responde? Responde à seguinte pergunta: "Como entrar em comunicação com o inconsciente de um jovem paciente cujas palavras, desenhos, brincadeiras e atitudes corporais não sugerem nenhum gancho? Como entrar na cabeça de uma criança, instalar-se nela, conhecê-la de dentro, fazê-la viver em si até sentir a emoção que a confunde mas que ela não sente? E, uma vez estabelecida essa comunicação, como encontrar as palavras necessárias para consolá-la de seu sofrimento?" Postulamos que, por trás das palavras, dos desenhos, das brincadeiras e das atitudes da criança, existe uma linguagem muito especial que permite ao psicanalista e ao pequeno paciente comunicarem-se profundamente. Que linguagem é essa? Que código é preciso conhecer para falá-la? Acreditamos que as sensações vividas por essa criança quando era bebê ficaram impressas em seu inconsciente e organizadas numa linguagem corporal, muda e impenetrável, que podemos – nós, psicanalistas – tentar captar, traduzir e falar. Uma linguagem de sensações experimentadas pela criança desde sua vida fetal até os três anos de idade. Linguagem arcaica que o pequeno paciente de hoje, aquele que está ali, presente na sessão, fala com seu corpo sem saber que a fala. Fala-a indiretamente, desenhando, agitando-se, brincando e, o principal, fala essa linguagem através dos sintomas que fizeram seus pais levá-la à consulta. Quer se trate dessa criança de cinco anos sentada à sua frente, de um paciente adulto ou de nós mesmos, falamos todos a linguagem das sensações vividas anteriormente em nosso corpo de criança, falamos sem nunca ter consciência disso. Eis então a linguagem silenciosa das sensações antigas que devemos, nós, analistas, saber sonorizar com palavras, se quisermos nos comunicar com o nosso paciente. A criança que está à nossa frente espera de nós, sem o saber, que traduzamos em palavras seu antigo vivido corporal que, sempre ativo, provoca o sofrimento de hoje. Assim, a imagem inconsciente do corpo é um código íntimo, peculiar a cada um, que nós, psicanalistas, devemos aprender a falar se quisermos acessar o inconsciente de nosso paciente, seja ele adulto ou criança.

## A imagem inconsciente do corpo é a imagem das sensações

Deixemos por um instante a cena analítica. Voltaremos a ela daqui a pouco, quando lhes apresentarei duas vinhetas clínicas. Ataquemos agora a teoria que orienta nossa escuta. O que é a imagem inconsciente do corpo? Ela é imagem do quê? A imagem inconsciente do corpo é o conjunto das primeiras impressões gravadas no psiquismo infantil pelas sensações corporais que um bebê, até mesmo um feto, sente ao contato de sua mãe, ao contato carnal, afetivo e simbólico com sua mãe. Sensações que foram sentidas pela criança antes do domínio completo da palavra e antes da descoberta de sua imagem no espelho, isto é, antes dos três anos. A propósito da imagem do espelho, gostaria de me deter aqui um instante e fazer um esclarecimento para a sequência de nossa reflexão. Devemos distinguir duas descobertas, por parte da criança, de sua imagem no espelho: a primeira, descoberta por Lacan; a segunda, por Dolto. A primeira se dá muito cedo, quando o bebê, surpreso, alegra-se ao ver a silhueta de seu corpo refletida no espelho. Fascinado por seu duplo – ainda que toscamente percebido –, o bebê agita-se e sente-se feliz. É esse reconhecimento lúdico da imagem especular do corpo, ou, se preferirem, da imagem global do corpo, que Lacan conceitualizou sob a expressão "estádio do espelho", estádio ao qual voltaremos em detalhe em nosso segundo capítulo. A outra descoberta de sua imagem especular dá-se mais tarde, por volta dos três anos, quando a criança compreende, dessa vez com amargura, que o reflexo que o espelho lhe devolve não é ela, que há uma defasagem irredutível entre a irrealidade de sua imagem e a realidade de sua pessoa. Essa amarga desilusão, tão penosa para a criança, é considerada por Dolto como um verdadeiro trauma, um abalo no psiquismo infantil. Seguindo na contracorrente de Lacan, que enfatiza quanto a alegria do bebê diante do espelho atesta o orgulho de conquistar uma imagem que se torna a sua, Françoise Dolto assinala o sofrimento que invade a criança de três anos, desencantada ao saber que o que acreditava ser ela não passa, na verdade, de uma aparência de si. É essa segunda descoberta decepcionante da imagem especular de si que nos importa agora, porque é em reação a esse desencantamento que a criança esquece as imagens inconscientes do corpo para se deleitar com as imagens lisonjeadoras do parecer. Explico-me. Quando a criança percebe que a imagem que ela dá a ver aos outros é sua imagem do espelho, e que essa imagem não é ela, que os outros só têm acesso a ela pelo que ela dá a ver, com isso ela privilegia as aparências e negligencia suas sensações internas. Doravante, esquecerá o lado de dentro para dedicar-se apenas ao lado de fora. A amargura da desilusão dá lugar à astúcia inocente de uma criança que utiliza sua imagem especular em prol de seu narcisismo: "Uma vez que as imagens do espelho me enganaram, pois bem, agora sou eu que vou enganar o mundo com a minha imagem!" Eis como se recuperaria o nosso jovem narciso para se consolar de seu despeito especular. Agora, a imagem do *corpo-visto* prevalecerá sobre as imagens do *corpo-vivido*. É, portanto, a partir dos três anos, e durante toda a nossa existência, que a imagem do corpo-visto irá impor-se incessantemente na consciência, em detrimento das imagens do corpo-vivido, que, por sua vez, serão relegadas e recalcadas no silêncio do inconsciente. Em suma, a partir dos três anos, a imagem do corpo-visto predominará na consciência, ao passo que as imagens do corpo vivido predominarão no inconsciente. O que deduzir disso? Que, depois da descoberta da sedutora imagem especular de si, as imagens das sensações internas serão totalmente esquecidas e se tornarão para sempre inconscientes. Eis por que uma criança de cinco anos, por exemplo, terá definitivamente recalcado o mundo sensual e invisível, que prevalecera até então, para superestimar, doravante, o mundo visível das aparências. Assim, agora compreendemos por que temos o hábito, nós, adultos, de dirigir nosso olhar para fora em vez de para o mundo interno do nosso corpo. Temos maior tendência a nos olhar pela janela do que nos recolher dentro de nós mesmos, exceto quando estamos doentes e preocupados em delinear o mal que nos afeta. Eu gostaria aqui de fechar esse parêntese sobre o espelho e lhes sugerir a leitura do quadro comparativo entre a imagem consciente do corpo e a imagem especular (Figura 7, p.130). Observemos, ademais, que as imagens inconscientes do corpo são vivamente reativadas quando a criança atravessa suas primeiras crises de crescimento e sente intensamente as sensações que a agitam. Penso particularmente nos momentos da passagem de uma fase libidinal para a seguinte, por exemplo da fase neonatal para a fase oral, ou ainda da fase oral para a fase anal-cinestésica. Observemos que essas imagens reativam-se ainda aos três anos de idade, durante a fase edipiana. Mas, afora essas reativações, assinalemos que o essencial do conteúdo das imagens inconscientes do corpo forma-se irrevogavelmente durante a vida intrauterina e ao longo da primeira infância.

Entretanto, essas imagens, apesar de recalcadas, permanecerão vigorosamente ativas ao longo de toda a existência e se manifestarão em todas as expressões espontâneas do nosso corpo de adulto. Fortemente pregnantes, as imagens inconscientes do corpo infantil determinam nossos comportamentos corporais involuntários, nossas mímicas, gestos e posturas; infletem as curvas de nossa silhueta, marcam os traços do rosto, avivam o fulgor do nosso olhar e modulam o timbre de nossa voz; decidem nossos gostos, nossas atrações e repulsas, ditam nossa forma de nos dirigir corporalmente ao outro e, se esse outro for nosso parceiro amoroso, nossa forma de possuir seu corpo ou ser possuído por ele. Essas imagens influenciam nosso vocabulário e estão na origem de diversas expressões populares compostas de palavras que designam um elemento corporal: "ele tem os pés no chão", "ele está com os nervos à flor da pele", "ele trocou os pés pelas mãos", "é um cabeça-de-vento" etc. Acrescentemos, finalmente, que essas imagens orientam nossas escolhas estéticas e, mais genericamente, determinam nossos sonhos e nossos atos. Mas não nos enganemos. Todas essas manifestações espontâneas, visíveis, audíveis e palpáveis, inclusive e principalmente os diversos distúrbios que levam o paciente a nos consultar, não passam de expressões atuais das imagens gravadas por nossas sensações antigas. As imagens inconscientes nunca se manifestam tais quais, mas sempre em filigrana; só tomamos consciência delas se um psicanalista as decodifica e as revela para nós no quadro de uma relação transferencial. É somente depois da captação, por parte do profissional, das imagens inconscientes do corpo de seu paciente que elas vão, enfim, mostrar-se estruturadas à maneira de uma linguagem organizada. Veremos adiante, num exemplo clínico, como o psicanalista sente e decodifica essas imagens. Assim como já escrevemos: "O inconsciente só existe com a condição de ser desvelado por um psicanalista, isto é, por alguém que pressupõe sua existência", hoje escrevemos que a imagem inconsciente do corpo só existe com a condição de ser escutada por um terapeuta que pressuponha sua existência. Assim, em eco à célebre definição lacaniana do inconsciente segundo a qual este é estruturado como uma linguagem, nós formulamos agora que as imagens inconscientes do corpo são igualmente estruturadas como uma linguagem, com a condição de que um psicanalista consiga decifrá-las.

Como veem, atribuo a essas imagens a mesma força, o mesmo poder de determinação que atribuímos habitualmente ao inconsciente. Aqui, vocês poderiam me perguntar: "Mas, afinal, essas imagens tão precoces não são o próprio inconsciente?" Formulemos a pergunta de outra maneira: "Essa imagem, que não passa do traço impresso de uma sensação pregnante sentida pelo bebê, é uma imagem que se grava num inconsciente já presente, já constituído, ou ela é o próprio inconsciente em estado nascente?" Respondo prontamente: seguramente, a imagem inconsciente do corpo é o próprio inconsciente, e o solo fértil desse inconsciente é o corpo! Mas que corpo? Não o corpo físico isolado dos outros, mas um corpo impregnado pela presença do outro, vibrante ao contato carnal, desejante e simbólico da mãe, de uma mãe que é também uma mulher desejante e desejada pelo pai da criança. É justamente nesse corpo do bebê, corpo eminentemente relacional, que vão nascer as sensações que se imprimirão no psiquismo ainda imaturo sob a forma de imagem inconsciente do corpo.

## A imagem inconsciente do corpo é o traço indelével deixado pelas sensações mais pregnantes de nossa infância

Ora, essas imagens são tão duradouras e ativas que nos fazem reviver, sem nos darmos conta, as primeiras impressões sensoriais do nosso corpo infantil. Temos que deixar isso bem claro. De um lado, há a sensação sentida pela criancinha; do outro, a imagem que fixa e conserva essa sensação no inconsciente. Assim, a imagem inconsciente do corpo não é nada além de uma sensação que perdura. Logo, encontramo-nos em presença de dois elementos bem distintos, embora inseparáveis:

uma *sensação* percebida, isto é, sentida no instante, e a *imagem* que dela se imprime no inconsciente. Não sentimos nenhuma emoção, viva, agradável ou dolorosa sem que, simultaneamente, imprima-se sua representação psíquica. Repito: todo vivido afetivo e corporal intenso, consciente ou não, deixa seu traço indelével no inconsciente. Assim, afirmaremos que a imagem inconsciente é, propriamente falando, uma memória, a memória inconsciente dos vividos de nosso corpo de criança. Isso significa que ela tem o poder de fazer coincidir as sensações que sentimos hoje, adultos, com as sentidas no início de nossa vida. Assim, nosso corpo atual, o corpo que sentimos neste momento é, em sua essência, absolutamente idêntico ao corpo que sentíamos bebês. Por quê? Porque nossos dois corpos – o da criança e o do adulto – vibram no mesmo ritmo, como se as sensações mais primitivas escapassem à corrosão do tempo e mantivessem intacto o frescor de seu primeiro despertar. Mas uma questão se impõe incontinenti: entre todas as sensações que um bebê sente, quais as que serão mais investidas e deixarão seu traço no inconsciente? Quais são as sensações que vivemos quando criança que revivemos hoje sem nos apercebermos e que, seguramente, reviveremos amanhã em nossa velhice?

## Três componentes da imagem inconsciente do corpo: a imagem básica, a imagem funcional e a imagem erógena

As sensações mais investidas pela criança, isto é, aquelas que se fixam numa imagem inconsciente, dividem-se em três grandes famílias: as sensações que dão ao bebezinho a impressão de que seu corpo é uma *massa densa e estável* (sensações proprioceptivas* e barestésicas); as que lhe dão a impressão de que seu corpo é uma *massa agitada* por fluxos e refluxos de tensões orgânicas internas (sensações digestivas); e, finalmente, as sensações que emanam da boca e do ânus e dão a impressão de que seu corpo é inteiramente reduzido a um *orifício erógeno*. Sensações, portanto, que o fazem sentir seu corpo como uma base estável amparada pelos braços maternos, pelo berço ou pousada no chão; sentir seu corpo como uma massa pululante de atividade interna; ou, finalmente, como um orifício erógeno palpitante de prazer. Ora, cada uma dessas famílias de sensações tem seu correspondente imaginário no inconsciente. Françoise Dolto propõe assim três grandes componentes da imagem inconsciente do corpo: a imagem *básica*, a imagem *funcional* e a imagem *erógena*. Esses componentes são tão indissociáveis que, quando um deles é perturbado, é todo o conjunto que se vê afetado.

A *imagem básica* é a que proporciona à criança, sem que ela pense nisso – é muito importante que ela não pense nisso –, a certeza de que seu corpo vivo está lastreado e que repousa nos braços que o carregam ou num solo firme que o ampara. E, se pensarmos no período de gestação, a imagem básica é ainda a que comunica ao feto a impressão de que

* Há três tipos de sensibilidade: a sensibilidade *exteroceptiva*, que reage às excitações provenientes do mundo exterior (luz, sons etc.); a sensibilidade *interoceptiva* ou visceral, que reage às excitações provenientes do interior do corpo; e a sensibilidade *proprioceptiva*, que reage às excitações provenientes dos movimentos, das posturas e do tônus corporal. É nessa última categoria que incluímos, por exemplo, as sensações barestésicas provocadas pela gravidade, ou, no ambiente intrauterino, pela pressão do líquido amniótico.

está mergulhado num líquido amniótico denso e protetor. Alguns anos mais tarde, a imagem básica pode, por exemplo, ser o refúgio de uma criança angustiada que se recolhe em seu corpo para se sentir em segurança. Acrescentemos finalmente que a imagem básica, assim como as outras duas, a funcional e a erógena, varia segundo as diferentes fases libidinais. Se tomarmos o exemplo da fase oral, quando o bebê é carregado nos braços da mãe, vemos que a imagem básica imprime-se quando ele sente seu corpo como uma massa compacta de formas curvas, subdividida num bloco cefálico e outro troncular, o todo unificado pela sensação global de uma segunda massa que contém e ampara, materializada pelos braços seguros da mãe.

*A imagem funcional*. Enquanto a imagem básica é a imagem do que sente um corpo sereno e bem lastreado, a imagem funcional é, ao contrário, a imagem do que sente um corpo interiormente pululante, inteiramente ávido por satisfazer suas necessidades e desejos; um corpo à cata de objetos concretos para prover suas necessidades (o leite, por exemplo) e em busca de objetos imaginários e simbólicos para satisfazer seus desejos (o cheiro da mãe). Françoise Dolto distingue, de um lado, os objetos concretos e *substanciais*, como a comida e os excrementos, que intervêm no contato corpo a corpo entre a criança e a mãe, e, de outro, os objetos *sutis*, perceptíveis a distância, como um olhar carinhoso, o timbre de uma voz ou o cheiro delicado e suave da pele. A *imagem erógena*, por sua vez, é a imagem de um corpo sentido como um orifício se contraindo e dilatando de prazer. Na hora de mamar, a criança sente todo o seu corpo como uma boca e, no momento de evacuar, como um ânus.

Digamos prontamente que, das três imagens, a imagem básica é a mais importante, porque, a cada fase libidinal, ela proporciona à criança a sensação de existir, isto é, a sensação instintiva de ser. É a imagem-refúgio. Com efeito, quando uma criança se vê agredida em qualquer uma das três imagens pertencente a uma fase libidinal determinada, ela volta automaticamente à imagem básica da fase precedente, pois é nela que reencontra sua segurança. No fundo, uma criança que regride busca apenas uma segurança fundamental: poder dizer-se "Sinto-me eu mesma". Entretanto, esse retorno apaziguador à fase anterior também faz a criança sofrer, porque, tendo regredido, encontra-se ao mesmo tempo defasada: os outros continuam a vê-la como uma criança de sua idade, ao passo que ela mesma sente-se pequenininha. Por conseguinte, quando estiverem na presença de uma criança ou de um adulto que sofre, pensem que ele sofre por duas razões: em primeiro lugar, porque foi afetado por um fato extraordinário, em seguida porque, tendo retornado ao passado para reencontrar a segurança de sua imagem básica anterior, ele fica desamparado por não estar mais em sintonia com sua realidade atual. A criança sofre porque foi magoada e porque está desestabilizada em relação ao seu presente. Sofre porque está dividida entre duas imagens: uma, atual, ferida por ocasião de um episódio traumático; a outra, tranquilizadora, mas cruelmente anacrônica, que o protege, mas o isola do mundo. Mais adiante, quando eu lhes apresentar o exemplo clínico de um caso de regressão, vocês compreenderão melhor esse dilaceramento doloroso entre duas imagens básicas, uma destruída e outra passível de socorro, embora inválida. Porém, insisto, é principalmente a imagem básica que institui na criança e em todos nós esse estado permanente de uma inalterável e não-consciente certeza de existir. Você está aí, diante deste livro, em vias de me ler, certo de que o solo permanece firme, esquecido do espaço que o contém e do tempo que o atravessa. Naturalmente, esse estado de saudável despreocupação existe na maior parte de nós, mas há criaturas que, profundamente afetadas em sua imagem básica, mantêm um pé atrás, prontas para se defenderem de um hipotético perigo aparente. Suportar permanentemente esse tipo de ameaça imaginária exige delas um esforço extenuante!

Vemos a que ponto a imagem básica é vital e essencial. Ela nos proporciona a tripla sensação de permanecer *estável* para além dos incessantes deslocamentos no espaço, de permanecer o *mesmo* para além das mudanças no tempo e, finalmente, a sensação de permanecer *consistente* para além das inumeráveis trocas com o outro e o ambiente circundante. A sensação de permanecer estável no espaço, de permanecer o mesmo no tempo e de permanecer consistente face à alteridade dos seres e das coisas funda, no mais profundo de cada um de nós, a certeza absoluta de permanecermos sempre os mesmos enquanto evoluímos constantemente. Não sou mais o mesmo de cinco minutos para cá e, apesar disso, sou o mesmo há 50 anos. É precisamente essa antinomia entre o diferente e o idêntico que funda o "si mesmo". Ser si mesmo é, portanto, ser aquele que permanece idêntico a si, malgrado as inevitáveis mudanças da existência. Entretanto, se quiséssemos nos aproximar o mais perto possível da incognoscível essência desse "si mesmo", descobriríamos que a *sensação de si* não passa, no fundo, de uma expressão para designar um desejo, o desejo de viver, o amor inegável pela vida. Sim, sentir-se si mesmo supõe, acima de tudo, a inquebrantável vontade de ser, de não cessar de ser, de ser o máximo de você mesmo, até mesmo além. É precisamente esse desejo de viver, de durar e se superar que Dolto chamou de "narcisismo primordial".

Gostaria agora de resumir o desenvolvimento que seguimos até aqui sob a forma do quadro sintético proposto na Figura 1.

## Duas condições para que uma sensação tenha sua imagem no inconsciente: que emane de um corpo infantil marcado pela presença de uma mãe desejante e desejada pelo pai da criança e, segunda condição, que ela se repita com frequência

Dito isto, coloca-se a questão: o que é preciso para que uma sensação seja conservada no inconsciente enquanto imagem? Mais exatamente, em que condições as sensações que dão ao bebê a impressão de que seu corpo é uma base, uma massa funcional e um orifício erógeno perdurarão na idade adulta? Para que uma sensação imprima sua imagem e torne-se constitutiva do inconsciente, são exigidas duas condições. Em primeiro lugar, que seja uma sensação emanando do corpo quando o bebê acha-se em estado de desejo, isto é, em busca do corpo de sua mãe para nele encontrar prazer, em busca de sua presença, para nela encontrar ternura e serenidade, por saber intuitivamente que seu pai, amado por sua mãe, proporciona-lhes uma segurança

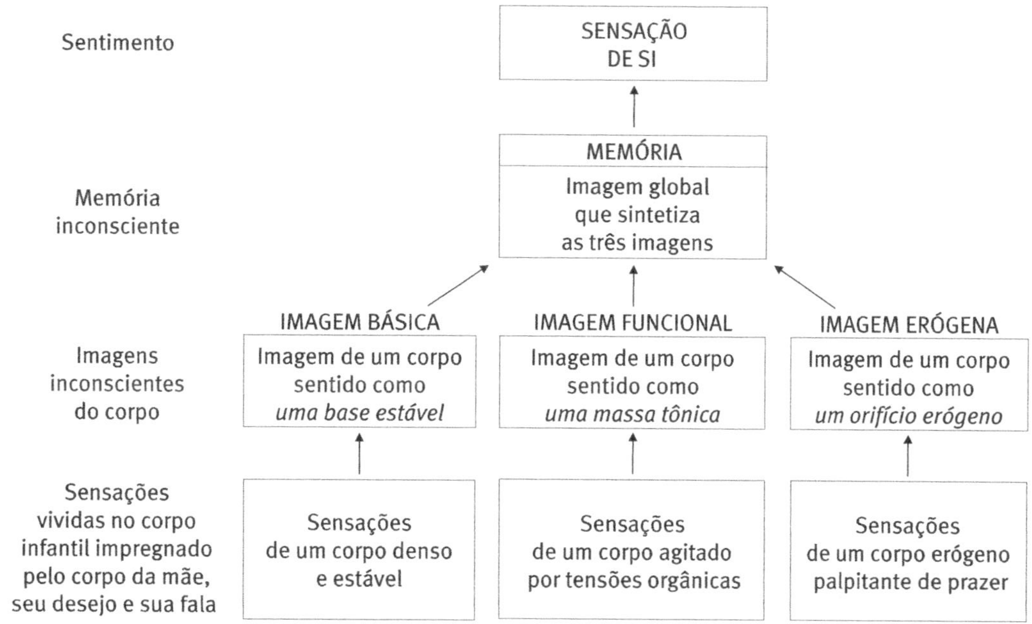


FIGURA 1

**No alto do quadro, a autossensação da criancinha (experimentada por volta dos três anos) é o desfecho de todas as imagens do corpo inscritas na memória inconsciente da criança. (O quadro deve ser lido de baixo para cima.)**

### Comentário à Figura 1

Nesta figura, temos quatro níveis: o subsolo das *sensações*, o térreo das *imagens*, o primeiro andar da *memória* e o andar de cima, o do *sentimento*. As sensações do corpo infantil gravam suas imagens inconscientes e essas imagens, tornadas permanentes, constituem a memória geradora do sentimento de si, sentimento experimentado pela primeira vez aos três anos de idade.

afetiva. A mãe, por sua vez, também deve ser estimulada pelo desejo de partilhar um momento de sensualidade, de afeição e de troca simbólica com seu filho. Se for impelida por esse desejo, se estiver convencida de que seu companheiro a ama enquanto mãe e sobretudo enquanto mulher, seguramente sua presença se instalará no espírito da criança. A mãe desejada e desejante torna-se, assim, uma mãe interiorizada. O que significa "mãe interiorizada" senão uma mãe que influencia, com sua presença, cada expressão de seu filho, a ponto de poder ausentar-se momentaneamente sem lhe fazer falta? E como ela consegue isso? Antecipando as expectativas de seu recém-nascido e dando sentido a todas as produções que ele lhe dirige – sorrisos, olhares, movimentos corporais, choros, gritos, fezes ou arrotos. Dar sentido significa que ela acolhe cada uma das produções de seu bebê como mensagens de amor, de rejeição, de desejo ou de angústia. É esta a qualidade da troca mãe-filho que deve prevalecer para que as sensações vividas pelo petiz inscrevam-se em seu inconsciente!

A segunda condição para que uma sensação forje uma imagem duradoura é a repetição. Com efeito, para que uma sensação deixe sua marca, é preciso que seja frequentemente sentida, repetitivamente percebida e, a cada vez, associada à presença carinhosa, desejante e simbólica dos pais. É apenas assim que uma sensação repetitivamente sentida e emanando de um corpo marcado pela presença da mãe terá suficiente intensidade para gravar no inconsciente uma imagem vivaz, capaz de influenciar para sempre o destino do sujeito.

## A imagem inconsciente do corpo é a imagem de um ritmo

Dito isto, torna-se fácil admitir que uma sensação que corresponde a essas condições é mais que uma simples sensação, é uma emoção. Até aqui, fui obrigado a empregar o termo "sensação", mas, na realidade, é de uma emoção que se trata, a emoção de um encontro. Por conseguinte, não diremos mais que a imagem inconsciente do corpo é a imagem de uma sensação, mas a imagem de uma emoção. Ora, impõe-se nova precisão: qual pode ser o conteúdo da imagem de uma emoção? Quero dizer, o que é que figura nele? Supondo que a imagem seja como um medalhão, que motivo pode aparecer ali? Uma efígie, uma cena? Para responder, preciso antes definir brevemente a emoção como uma tensão, a tensão criada entre duas sensibilidades que se enlaçam, ondulam e se ajustam à maneira de um casal de dançarinos evoluindo ao ritmo da música. A emoção é a mais íntima tensão do encontro carnal, desejante e simbólico entre a criança e a mãe. Ora, o que interessa e permanecerá inscrito em imagens são as variações ritmadas dessa tensão, a cadência da troca sensorial e sensual entre duas presenças que frequentemente concordam e às vezes discordam. O que constitui imagem e permanecerá inscrito na memória inconsciente da criança não é a carícia real da mãe, não é sentir-se acariciada nem sentir em si mesma o prazer de sua mãe em acariciá-la, não, o que se inscreve e perdura no inconsciente é a percepção dos tempos fortes e tempos fracos da intensidade de seu contato carnal.

Compreendemos agora por que o conteúdo do medalhão não pode ser nem figurativo nem narrativo. A imagem da emoção não é em absoluto uma figura. Ao contrário, devemos fazer um esforço para renunciar a representá-la sob uma forma visual. A imagem da emoção não é visual, mas essencialmente rítmica; ela é o traço de um ritmo, a marca em relevo das variações ritmadas da intensidade emocional. Enfim, eis o que eu queria transmitir-lhes: *a imagem inconsciente do corpo é, antes de tudo, a imagem de uma emoção partilhada, a imagem do ritmo da interação carinhosa, desejante e simbólica entre uma criança e sua mãe.* Com a Figura 2, tentei ilustrar, ainda que aproximadamente, o ritmo de uma emoção partilhada.

## Como um psicanalista que trabalha com o conceito de imagem inconsciente do corpo escuta seu paciente? Dois exemplos clínicos

Eu lhes dizia que a imagem inconsciente do corpo, em vez de uma linguagem das sensações, é uma linguagem das emoções, emoções que o analista deve conhecer para se comunicar com a criança. Agora, pretendo fundamentar melhor minha proposição e afirmar que a imagem inconsciente do corpo é uma linguagem, sim, mas uma linguagem de ritmos; e que falar essa linguagem significa antes de tudo, para o terapeuta, entrar em ressonância com a vibração básica, funcional e erógena dominante em seu paciente – ainda que seja uma vibração inerente a um estado de regressão e sofrimento. Mas o que significa "entrar em ressonância"? Como um psicanalista que trabalha com o conceito de imagem inconsciente do corpo escuta seu paciente? Para responder comentarei dois casos clínicos, um extraído da prática de Françoise Dolto, o outro oriundo de minha própria experiência.

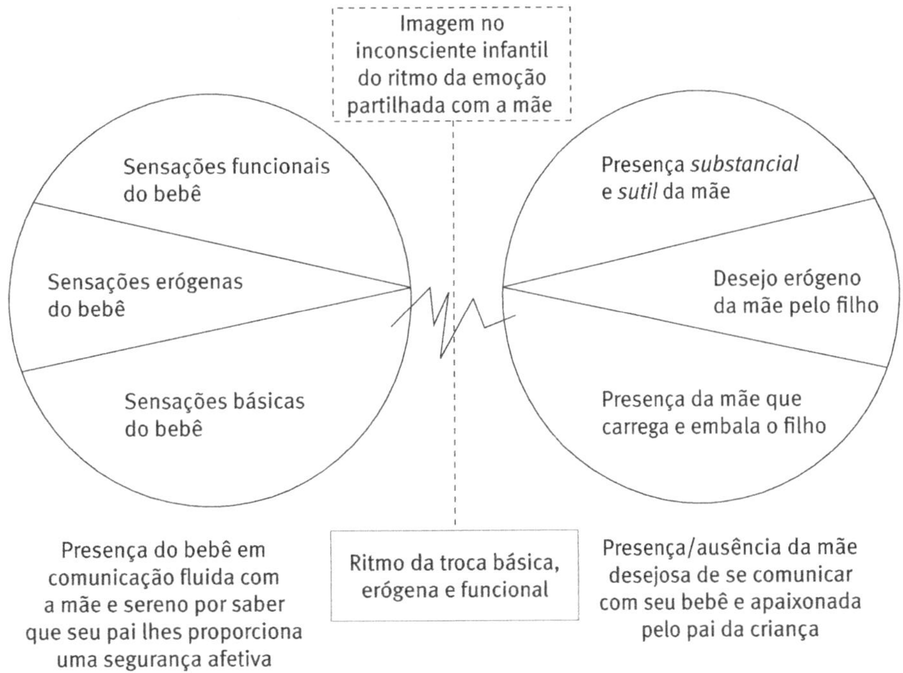


FIGURA 2

**A imagem do corpo inscrita no inconsciente da criança é a imagem do ritmo da emoção partilhada com a mãe**

### Comentário à Figura 2

No início, havíamos definido as imagens inconscientes do corpo como imagens de sensações, depois mudamos, dizendo que eram as imagens das emoções, e agora, com o esquema da Figura 2, dizemos que *a imagem inconsciente do corpo é a inscrição de um ritmo*, do ritmo da troca funcional, erógena e básica entre o filho e a mãe. Por exemplo, o ritmo básico num recém-nascido seria aquele que se instala no inconsciente da criança quando ela sente tanto seu corpinho quente envolto pelos braços maternos quanto a sensação de desamparo quando a mãe a coloca em seu berço. É esse ritmo alternado de sensações boas e desagradáveis que permanecerá inscrito no inconsciente infantil sob a forma de imagem inconsciente do corpo.

## "A menininha com boca de mão"

O primeiro caso que vou lhes apresentar é o da *Menininha com boca de mão*. Ele ilustra brilhantemente a maneira como um analista fala a língua da imagem inconsciente do corpo. Trata-se de uma garotinha de cinco anos, esquizofrênica, sofrendo de uma grave fobia do tocar. Quando lhe servem seu prato preferido, ela pega a comida diretamente com a boca, sem utilizar as mãos, e engole tudo de uma vez só. Imaginem essa garotinha, a cabeça no prato, debruçada sobre a mesa com suas mãozinhas fechadas, recolhidas no buraco das axilas. Durante uma sessão com Françoise Dolto, a pequena paciente, sentada à mesa de recreação, repete a mesma atitude estranha para capturar com a boca a massa de modelar. É quando Dolto estende-lhe uma bolinha de massa dizendo-lhe: "Pode pegá-la com sua boca de mão." Imediatamente a menina ousa fazer o gesto que não conseguia realizar fazia meses: estende seu braço, pega com a mão a massa de modelar e a leva à boca.

O efeito dessa fala foi extraordinário, porque Dolto soube falar a língua da imagem do corpo doente de sua pequena paciente. Se ela tivesse dito à criança: "Tente pegar a massinha com as mãos" ou "Pegue, faça um boneco", essas palavras não teriam tido nenhum efeito. Ao passo que, com a frase "Você pode pegar com sua boca de mão", a analista conseguiu elevar a boca à dignidade da mão. Em vez de deplorar a regressão, Dolto a valoriza. Quando diz à criança: "... sua boca de mão", fala a língua dominante, a língua de suas sensações dominantes, a língua da tensão mais forte, a língua do ritmo preponderante, isto é, do ritmo da oralidade. Ao dizer "... sua boca de mão", ela reconhece o poder da boca sobre a mão, da oralidade regressiva sobre a motricidade deficiente. E, ao fazê-lo, reconhece simplesmente a criança tal como é, ali onde é, retraída em seu refúgio oral; doente, decerto, mas em segurança. Dolto consegue fazer a criança reagir porque compreendeu que a imagem regressiva e apaziguadora era a imagem oral. É justamente porque reconhece a criança em seu refúgio oral que esta pode se libertar e dar o salto da boca de mão, da fase oral, para a fase motora-anal. Com algumas palavras simples, de uma simplicidade poética, Dolto pronuncia, na sessão, a fala que não fora dita no momento em que a criança teria precisado ouvi-la. Teria tido então forças para deixar a fase oral e conquistar a fase motora típica de sua idade. Ao convidá-la para "pegar com sua boca de mão", é como se Dolto, em ressonância com o imaginário doente da criança, lhe dissesse: "Não tema nada, você regrediu à fase oral e fez bem, uma vez que é utilizando sua boca que você se sente tranquilizada num corpo em segurança que lhe dá a sensação de ser você mesma. Agora que você sabe que alguém compreendeu o quanto era necessário para você utilizar sua boca para substituir suas mãos, você se sente suficientemente forte para abandonar seu estado regressivo e passar à fase seguinte." Se, à guisa de resposta, pudéssemos agora fazer falar a garotinha, já livre de seu sintoma, ela nos diria o seguinte: "Essas palavras dizem o que sinto e que não sabia que sentia. Tenho finalmente direito a ter o corpo que tenho! Agora sinto-me reconhecida, sinto-me melhor, mais serena, sinto-me eu mesma. Existo doravante numa continuidade de ser, com um antes – a fase oral –, um presente – a fase motora – e um futuro que me espera. Se hoje sinto-me em segurança, é porque acabo de compreender que o tempo não para no passado, que posso crescer e me tornar outra sem, por isso, deixar de ser aquela que eu era." Eis o que nos diria uma criança feliz por ter sido reconhecida.

## "O bebê que cuidava da mãe"

Agora gostaria de lhes apresentar o caso de Clara. Um dia recebo uma bebezinha de dez meses trazida pela mãe. É bem pálida, franzina, sem tônus, anda comendo pouco e quase não dorme – apenas três horas por dia. Sua mãe me conta que já consultou vários pediatras, inutilmente. Esclarece que antes o bebê chorava muito mais que agora, quando, em vez de chorar, não dorme mais, mantendo os olhos abertos e tristes. Durante esse primeiro encontro, a garotinha está inerte, inexpressiva, o corpo largado no colo materno. Ao fim de um momento, dirijo-me à mãe e lhe pergunto se ela própria dorme à noite:

– Mas durmo pouco, doutor! Como dormir se Clara não dorme?

Insisto:

– Mas o pouco tempo que a senhora dorme, a senhora dorme bem?

A mãe hesita, depois responde:

– Na verdade, acontece uma coisa pavorosa comigo. É que tenho um pesadelo horrível quando durmo: vejo, de pé à minha frente, minha irmã chorando e falando comigo. É como uma visão.

– Como assim?

– É a minha irmã mais velha que se suicidou há um ano e meio em condições dramáticas. E essa visão me aparece todas as noites desde o nascimento da pequena.

É quando ela se desfaz em lágrimas.

Nesse instante, vendo a mãe em lágrimas, volto-me para a criança e, com toda a convicção de ser plenamente ouvido, digo-lhe:

–Você sabe, Clara, compreendi por que você não dorme. Você não dorme porque sente sua mãe em perigo e quer protegê-la. Mas agora que sei por que ela chora, prometo que vou cuidar disso. Sou eu que vou me ocupar do sofrimento de sua mãe. Agora confie em mim e durma tranquila!

Pois bem, quando lhe falei assim, a criança virou a cabeça para mim e me dirigiu um olhar tocante de inteligência. Não tinha mais os olhos emaciados e sem brilho do início da sessão. A pequena Clara então se reergueu como se seu corpo houvesse revivido, encolheu-se contra sua mãe e apoiou a cabeça em seu braço num gesto de consolo e serenidade.

Três dias mais tarde, quando as revi, a menininha não era mais a mesma e a mãe também mudara. O que acontecera? Minhas palavras consolaram a criança porque, ao lhe garantir que ia cuidar de sua mãe, desonerei-a da tarefa impossível de ter ela mesma que fazê-lo. Enquanto a garotinha do caso Dolto regressara da fase anal para a fase oral para encontrar uma imagem básica oral segura, Clara, por sua vez, perdera sua base, não tinha mais suporte materno. A mãe, absorta em seu sofrimento, não a carregava mais. Clara não regressara a uma fase anterior, muito pelo contrário, projetara-se demasiadamente à frente para a sua idade e se superava além de suas forças para proteger a mãe, não apenas por amor, mas por instinto de sobrevivência: ela precisava encontrar braços firmes que a carregassem. Clara estava esgotada com o esforço sobre-humano de uma véspera interminável.

Eu diria que, no caso da *Menininha com boca de mão*, Dolto faz uma interpretação que reconhece a criança em seu retraimento regressivo, ali onde ela está em segurança: "Você faz bem em regredir e junto-me a você onde você está." E é justamente porque o analista a reconhece que a criança tem forças para deixar sua fase regressiva oral, conquistar a fase motora e finalmente descobrir o uso das mãos. Em contrapartida, no caso do *Bebê que cuidava da mãe*, minha interpretação induziu um movimento inverso. Clara antecipava a fase seguinte, isto é, a fase motora-anal, quando a criança mantém-se sozinha de pé. Desesperada e querendo ser a mãe de sua mãe, ela tinha ido longe demais para um bebê. Ao lhe falar na língua da imagem inconsciente do corpo: "Vou cuidar da sua mãe, durma tranquila", restituí-lhe uma base e lhe sugeri: "Volte a si, descubra sua inocência de bebê. Descanse!"

Como me ocorreram essas palavras? No exato instante em que vi aquela mãe desfazer-se em lágrimas, compreendi que o sofrimento do bebê era por querer carregar na ponta do braço uma mãe frágil, por ter de ser a mãe de sua mãe. Mas a minha compreensão não foi o desfecho de uma reflexão, muito pelo contrário, ela se impôs num lampejo. Até aquele momento preciso, eu não captara a causa da tristeza e da insônia da garotinha. Precisei ouvir os soluços da mãe e vê-la sofrer para que, espontaneamente, eu me voltasse para a criança, me concentrasse e sentisse as tensões dolorosas que o bebê devia suportar sem se dar conta disso. E o que senti? Senti que a pequena Clara vivia inconscientemente seu corpo como um corpo paralisado, todo crispado e retesado para frente, querendo encontrar ansiosamente os braços da mãe que não a carregavam mais. Cheguei a imaginar que aquele corpo bizarro era um corpo com as costas arrancadas, como se, perdendo os braços esteios da mãe, tivesse perdido suas costas, costas que, em geral, permaneciam modeladas pelo regaço dos braços maternos. Na verdade, o corpo que imaginei era o oposto do corpo átono de uma criança triste; era o corpo hipertônico de uma criança eletrizada que queria desesperadamente realizar um esforço além de si. Diante de mim, eu via um bebê abatido, mas, na minha escuta imaginária, eu via a figura de uma criança com o corpo hipertenso, toda esticada para a frente. Isso mostra como o corpo inconsciente, nascido na escuta de um psicanalista, é radicalmente diferente do corpo da criança tal como aparece na sessão.

## O psicanalista fala a língua da imagem inconsciente do corpo de seu paciente

Agora gostaria de responder com maior concisão ainda à pergunta que perpassa todo este capítulo: como o psicanalista entra em ressonância com seu paciente e encontra as palavras necessárias para consolá-lo de seu sofrimento? Quero dizer: o que se passa na cabeça de um psicanalista para que lhe surjam as palavras que seu paciente espera? Esquematicamente, decomponho em cinco tempos o processo mental, extremamente rápido, que mobiliza o espírito do analista entre o momento preciso em que este é fisgado por uma manifestação do paciente – no caso de Clara, o choro da mãe – e o momento em que ele enuncia as palavras que consolam. Distingo assim cinco tempos que se sucedem no espaço de um segundo: um tempo de *observação*, um tempo de *visualização*, um tempo de *sensação*, um outro de *vibração rítmica* e, por fim, um tempo de *interpretação*.

1. Em primeiro lugar, o psicanalista *observa* e interpreta as manifestações de seu paciente, criança ou adulto, como sendo expressões das imagens inconscientes do corpo infantil.

2. Em seguida, o analista sente-se capturado, aspirado por uma palavra ou gesto do paciente e, quase à sua revelia, *visualiza* o corpo inconsciente de sensações patogênicas que fazem o analisando sofrer. O psicanalista vê então surgir em seu espírito a representação de um corpo bizarro, tal como se desenharia a partir das sensações vividas por um bebezinho; um corpo torcido à maneira daqueles pintados por Hyeronimus Bosch ou Francis Bacon. Esse corpo imagético pode assumir o aspecto de um estranho aglomerado de órgãos: no lugar da mão figura uma boca, no lugar do baixo-ventre perfila-se uma cabeça e, como se não bastasse, a cabeça de uma mãe; em cima de um rosto, brilha o buraco de olhos arrancados; ou ainda, no exemplo de Clara, desenha-se um corpo retesado, desprovido de suas costas, os braços estendidos em busca de um objeto inacessível, um corpo de bebê sem âncora, boiando no espaço.

3. É nesse momento, terceiro tempo, que o terapeuta identifica-se com esse corpo imagético que aparece em seu espírito. Identificar-se significa aqui que ele sente não o que sente a criança bem real da sessão, mas o que sentiria uma criatura cujo corpo fosse esse corpo estranho imaginado pelo analista. Se voltamos ao exemplo de Clara, não me identifico com o bebê átono que se acha à minha frente, mas com a criança hipertônica, de olhos arregalados, que visualizo. Insisto. Não vivencio os sentimentos experimentados pelo

bebê da sessão, *sinto* as tensões que supostamente animam o corpo que imagino. Em suma, identifico-me com o ser que imagino e não com o ser que vejo.

4. Marcado pela imagem desse corpo estranho, de anatomia bizarra e atravessado pela sensação das tensões que nele reinam, *vibro* ao ritmo dessas tensões até me encaixar no ritmo erógeno que cadencia o corpo bem real do meu pequeno paciente.

5. Dessa forma, marcado pela visão desse corpo imaginário e eletrizado pela intensidade de minha sensação, decido transmitir ao paciente o que sinto e que lhe concerne, uma vez que minha sensação não é outra coisa senão seu próprio inconsciente vibrando em mim. É essa comunicação que denomino interpretação. Eu *interpreto* no momento que estimo mais oportuno e usando palavras simples, tocantes, mas, sobretudo, palavras que o conduzirão a voltar-se sobre si mesmo. Assim, o psicanalista fala com convicção a língua da imagem inconsciente do corpo de seu analisando.

Proponho-lhes descobrir esses cinco tempos na Figura 3, na qual desenhei a cabeça de um analista que revela ao paciente – criança ou adulto – a imagem inconsciente do corpo na origem de seus sintomas.

★

Leonardo da Vinci tinha uma palavra para dizer que cada ser tem uma maneira muito particular de se mover, agir, sentir ou falar. Esta palavra é "serpentear". Para Leonardo, a finalidade da arte é justamente apreender essa ondulação íntima de um ser e torná-la perceptível na obra plástica.

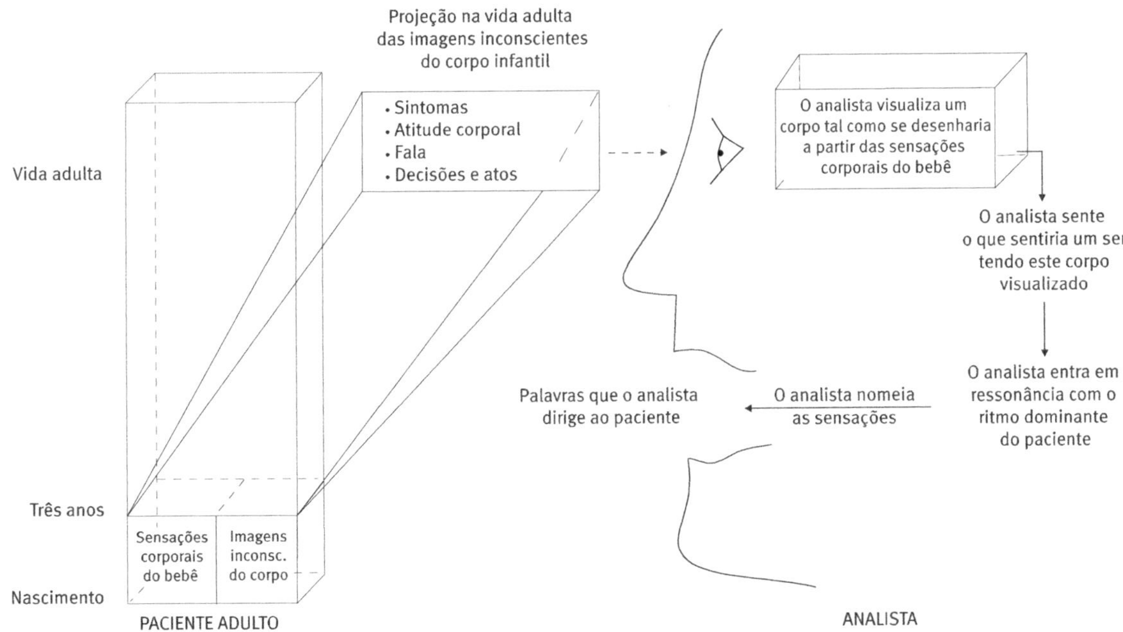


FIGURA 3

**O psicanalista fala a língua da imagem inconsciente do corpo de seu analisando**

### Comentário à Figura 3

Em primeiro lugar, o psicanalista *observa* e compreende as manifestações de seu paciente como sendo as projeções, na vida adulta, das imagens inconscientes do corpo infantil. Em seguida, o analista *visualiza* o que seria esse corpo infantil das primeiras sensações, depois *sente* essas sensações, *vibra* a seu ritmo e, por fim, *interpreta*. Esses cinco tempos conjugados (observação, visualização, identificação com as sensações, vibração e interpretação) especificam o essencial da escuta analítica. Assim, quando perguntamos qual a diferença entre a psicanálise e a psicoterapia, uma resposta possível seria afirmar que a especificidade do psicanalista é escutar seu paciente realizando esse processo mental articulado em cinco tempos.

Inspirado por esse ideal do artista, eu diria que a ambição do psicanalista é também surpreender o serpentear singular de seu analisando, dar-lhe uma forma imaginária e vibrar ao ritmo de suas intensidades erógenas. Se o psicanalista conseguir perceber dentro de si mesmo o movimento interior do outro, então as palavras que terá a dizer sairão espontaneamente. Essa maneira de capturar o inconsciente do analisando, não mais de fora, mas de dentro, do interior do outro ou do interior de si, é um ato analítico submetido a diversos imperativos. Em primeiro lugar, é preciso compreender que esse mergulho no inconsciente do outro não se realiza todos os dias e com todos os pacientes; em seguida, que supõe um esforço intenso e difícil, pois essa "captação do inconsciente do paciente com seu próprio inconsciente" – segundo a expressão de Freud – só é possível se o analista permanecer dissociado entre uma parte de si mesmo que se engaja plenamente e outra, lúcida, que observa. Essa dissociação do terapeuta exige grande contenção de espírito e uma energia considerável. Finalmente, ainda que esse mergulho eminentemente intuitivo não seja o resultado de uma elaboração intelectual, é indiscutível que não poderia produzir-se sem um longo e regular convívio com a teoria. Captar o inconsciente do paciente num lampejo interior e traduzi-lo em palavras acessíveis é apenas o ápice de uma pirâmide cuja base é uma sólida base teórica. Entretanto, para além do saber conceitual, do talento clínico e de um conhecimento aprofundado dos sintomas e da história do paciente, o psicanalista deve ainda e sobretudo poder lidar com seu inconsciente, ou melhor, com sua própria imagem inconsciente do corpo, como se esta fosse um instrumento versátil e ágil, sempre apta a se moldar segundo as fugazes manifestações do inconsciente de seu paciente.

★

Preciso agora concluir. Após a leitura deste capítulo, seria possível julgar que o psicanalista vive no culto do passado e das lembranças da primeira infância. Nada disso – o que importa num tratamento analítico não é a rememoração, mas a revivescência. Quando escuto meu analisando, provavelmente espero que o passado surja, mas quando ele surge através de uma emoção, ele se torna o instante presente mais inédito possível. Quando o passado se reatualiza, não é mais passado, é uma nova produção. O inverso também é verdadeiro. Quando inovamos, quando realizamos um ato criativo, isto é, quando modificamos nosso meio ambiente e modificamos a nós mesmos, tenhamos certeza, é nosso passado que volta e nossas raízes mais profundas que afloram.

# 2. O conceito de imagem do corpo, de Lacan: nossa interpretação

- Não somos nosso corpo em carne e osso, somos o que sentimos e vemos de nosso corpo
- Marie, uma jovem anoréxica que sofre de psicose, alucina a imagem de seu corpo
- Percebemos uma imagem sempre deformada de nosso corpo
- O que é uma imagem? Uma imagem é sempre o duplo de alguma coisa
- O corpo é a via régia que leva ao inconsciente!
- Meu corpo e suas duas principais imagens: a imagem *mental* de minhas sensações corporais e a imagem *especular* de minha silhueta no espelho
- Meu corpo real é o corpo que sinto: a imagem do corpo real
- Meu corpo imaginário é o corpo que vejo: a imagem especular
- Oito proposições sobre a imagem especular do corpo: o estádio do espelho
- Meu corpo simbólico é o corpo que nomeio: a imagem do corpo simbólico
- O *eu* é a imagem mental do corpo que sinto
- O *eu* é a fusão da imagem mental do corpo que sinto e da imagem especular do corpo que vejo
- O *eu* é um *eu-extensão*: ele está tanto em nossa cabeça quanto nos seres que amamos, ele está em nós e fora de nós
- Respostas às perguntas sobre o corpo e suas imagens

## Não somos nosso corpo em carne e osso, somos o que sentimos e vemos de nosso corpo

Abrindo este capítulo, eu gostaria de lhes dar a conhecer desde já a ideia-chave à qual vamos chegar. Mas, antes, uma palavrinha para lembrar-lhes brevemente do histórico do conceito psicanalítico de imagem do corpo. Assinalemos de saída que a expressão "imagem do corpo" nunca foi utilizada por Freud, tendo sido elevada ao nível de conceito analítico apenas nas últimas décadas. O autor que formalizou pela primeira vez essa noção foi Paul Ferdinand Schilder, psicanalista vienense emigrado para os Estados Unidos nos anos 1930. Considero sua célebre obra, intitulada precisamente *A imagem do corpo*, um livro rico e moderno. Desde sua publicação em inglês, em 1938, muitos trabalhos notáveis foram publicados, mas esse texto permanece, sem dúvida, uma reflexão ímpar da literatura analítica. Outros autores associaram seu nome à noção de imagem do corpo: penso sobretudo em Wallon, um dos nossos grandes psicólogos. Henri Wallon na França, Charlote Bühler na Alemanha e James Mark Baldwin nos Estados Unidos, depois na França, conceberam uma teoria muito avançada do impacto da imagem de si, refletida pelo espelho, sobre o desenvolvimento infantil. Esses pioneiros, cada um à sua maneira, bem como os inúmeros estudos psicológicos sobre o comportamento do bebê diante do espelho e algumas pesquisas etológicas, inspiraram Jacques Lacan na elaboração de seu célebre "estádio do espelho". Temos então Wallon, Bühler e Baldwin em psicologia, depois Lacan e, um pouco mais tarde, Françoise Dolto e Gisela Pankow, psicanalistas da mesma geração que irão produzir igualmente, em estilos diferentes, uma teoria da imagem do corpo. Da imagem inconsciente do corpo, dirá Dolto – conceito que tratamos largamente no primeiro capítulo; da imagem dinâmica do corpo, proporá Pankow. Lembremos, finalmente, que um outro pesquisador, o neuropsiquiatra Jean Lhermitte, especialista dos fenômenos alucinatórios, já trouxera em 1939 uma preciosa contribuição à psicopatologia do que ele chamava "imagem do corpo próprio", termo apreciado e retomado por Lacan.

Após essa síntese histórica, voltemos então à ideia-mestra com a qual eu gostaria de concluir este livro e lhes peço para a manterem no espírito ao longo de toda a leitura. Convido-os também a se reportarem regularmente à Figura 4 (p.93), que ilustra o essencial de minha concepção da imagem do corpo. Ora, qual é esse essencial, qual é a ideia-mestra à qual chegaremos? Ei-la: *eu considero a imagem do corpo a própria substância do nosso eu.* Não somos nosso corpo em carne e osso, somos o que sentimos e vemos de nosso corpo: sou o corpo que sinto e o corpo que vejo. Nosso *eu* é a ideia íntima que forjamos de nosso corpo, isto é, a representação mental de nossas sensações corporais, representação mutante e incessantemente influenciada por nossa imagem do espelho. Em suma, tenho o sentimento de ser eu mesmo quando sinto e vejo meu corpo vivo. Eis a ideia-motriz da qual toda a nossa obra é desenvolvimento. Para nós, o *eu* é, portanto, composto de duas imagens corporais de naturezas diferentes mas indissociáveis: a imagem mental de nossas sensações corporais e a imagem especular da aparência do nosso corpo. Sentir viver meu corpo e vê-lo mexer-se no espelho me dá a sensação inegável de ser eu.

Um esclarecimento, porém, sobre a natureza do nosso *eu*. O que é o *eu*? O *eu* é um sentimento, o sentimento de existir, o sentimento de ser você. Um sentimento eminentemente subjetivo porque fundado sobre o vivido igualmente subjetivo de nossas imagens corporais. Considero, pois, o *eu* uma entidade essencialmente imaginária cunhada por todas as nossas ignorâncias, erros e miragens que confundem a percepção que fazemos de nós mesmos. Logo, Lacan qualificava o *eu* como "lugar de desconhecimento". Sentir viver meu corpo e vê-lo em movimento proporciona-me a certeza imediata de ser eu mesmo, certeza que, não obstante, esconde minha ignorância do que sou e de onde venho. O *eu* é tanto a certeza de ser o que se é quanto a ignorância do que se é. Agitado pela profusão de minhas sensações internas e pela visão do meu corpo, sei que existo mas não sei que sou. Decididamente, as imagens mentais que forjamos de nosso corpo, substrato de nossa identidade, são imagens subjetivas e deformadas que falseiam a percepção de nós mesmos. Um dia, julgo-me fraco porque estou com dor nas costas, noutro, julgo-me forte porque meu corpo não me preocupa mais, e, no dia seguinte, sinto-me velho após ter descoberto meus primeiros cabelos brancos no espelho. Na verdade, nosso *eu* é um conjunto de imagens de si mutantes e frequentemente contraditórias. Eis que agora podemos completar o enunciado de nossa ideia-mestra, segundo a qual a imagem do corpo é a substância do nosso *eu*, e afirmar que a imagem do corpo é a substância *deformante* do nosso *eu*. *Não existe* eu *puro; o eu resulta sempre da interpretação pessoal e afetiva do que sentimos e do que vemos de nosso corpo*. Interpretação pessoal e afetiva, porque as imagens de nosso corpo, sejam as de nossas sensações ou de nossa aparência, são imagens alimentadas no amor e no ódio que temos por nós mesmos. Em suma, afetivas e volúveis, as imagens deformadas de nosso corpo nos impõem fatalmente uma imagem distorcida de nosso *eu*. Mas agora é hora de encetar nossa demonstração começando por lhes apresentar o exemplo clínico de uma paciente que sofre, vocês verão, de uma deformação extrema e doentia da imagem de seu corpo.

## Marie, uma jovem anoréxica que sofre de psicose, alucina a imagem de seu corpo

Marie é uma jovem estudante, aluna de uma grande escola de comércio, que veio me consultar, após várias internações, devido a uma anorexia grave. Desde a primeira conversa, compreendi que nossa paciente de olhar vivo mas corpo esquelético e assexuado, assexuado em suas formas embora sensual no aspecto – constatei frequentemente nas jovens anoréxicas esse contraste espantoso entre sua magreza apavorante e o encanto feminino que irradiam –, pois bem, eu dizia, compreendi que Marie sofria da mais severa das anorexias, a que deriva de uma estrutura psicótica foraclusiva. Distingo, efetivamente, duas variantes de anorexia: uma de estrutura neurótica; outra de estrutura foraclusiva, quando a jovem é arrebatada pela convicção delirante de se sentir e se ver obesa. Seja qual for o seu peso, ainda que ínfimo, a anoréxica foraclusiva tem a certeza absoluta de ser gorda e rechonchuda, particularmente no nível das coxas e quadris. Paralisada por sua obesidade imaginária, Marie obstinava-se desde a puberdade em apagar quaisquer curvas femininas e em afinar seu corpo até torná-lo imaterial, etéreo, esvaziado de substância. Durante uma sessão em que se queixava de suas gordurinhas desgraciosas, embora acabasse de alcançar o perigoso limite dos 38kg, sugeri-lhe levantar-se do divã para me acompanhar até o imenso espelho do hall de entrada do prédio do meu consultório. Lembro-me muito bem dessa cena, ocorrida já há três anos. Estávamos de pé diante do grande espelho mural e pedi-lhe então para me mostrar onde ela se achava gorda. Com toda a espontaneidade, sem a menor hesitação, Marie beliscou entre seus dedos, através do pano da calça, os parcos músculos atrofiados de sua coxa e me disse: "Veja, eu queria tirar tudo isso!" E eu, surpreso, repliquei: "Mas são seus músculos!" – "Não", retorquiu ela, "não são meus músculos, é gordura, celulite que não consigo eliminar!" Ao escutá-la, eu me dizia: como ela pode negar a esse ponto a realidade de seu corpo esquelético? Eis o exemplo perfeito, pensei, do que chamo de uma foraclusão local, isto é, a recusa absoluta e inconsciente de aceitar uma ideia, nesse caso a ideia de ser uma mulher. Com efeito, desde os primeiros sinais perceptíveis e visíveis de sua puberdade, Marie não queria e não podia aceitar sentir-se mulher, sentir e ver seu corpo de mulher. Não, a sensação e a visão de seu corpo feminino e, mais profundamente, a representação inconsciente que ela forjava de sua feminilidade eram-lhe intoleráveis. Marie queria, imperativamente, expulsar de sua cabeça toda ideia de feminilidade. Ora, conhecemos bem o célebre aforismo lacaniano sobre a foraclusão: o que é rejeitado do simbólico reaparece violentamente no real. Digamos a mesma coisa com nossas palavras: uma representação é banida do mundo do espírito e reaparece violentamente no mundo dos sentidos como coisa alucinada, visual, auditiva, olfativa ou tátil. O *eu* doente rejeita inconscientemente uma representação que lhe é da mesma forma inconscientemente insuportável, representação que reaparece imediatamente perceptível no mundo exterior sob a forma de uma alucinação. Em suma, uma representação deixa de ser ideia para reificar-se em alucinação. Segundo a hipótese da foraclusão, a alucinação seria explicada então como um distúrbio grave da percepção provocado precisamente por um distúrbio grave da simbolização, isto é, pela expulsão brutal de uma ideia inconsciente que a cabeça não pode tolerar. Assim, Marie rejeita, à sua revelia, a representação repugnante do corpo feminino e a encontra sob a forma de uma alucinação tátil e visual, a de se apalpar e se achar gorda. Marie vomita sua feminilidade asquerosa que faz ainda pior na loucura de sentir sob seus dedos a gordura de sua coxa, apesar de ressequida, e de se achar gorda diante do espelho. Obcecada desde a infância pelo corpo monstruoso de sua mãe – de sua mãe tal como ela a vê e não como ela é, de sua mãe fruto da fantasia e não da mãe real –, Marie foraclui toda feminilidade, alucina-se obesa e, por conseguinte, maltrata seu corpo, deixa-o com fome e o leva aos limites da vida. A propósito do combate que a anoréxica trava com o perigo imaginário de um corpo feminino e gordo, eu gostaria de assinalar outra característica própria dessas pacientes, o de se sentirem orgulhosas de controlar seu peso e aplainar suas formas. Esse controle insensato do corpo é seu triunfo e seu orgulho secreto. Observem que a vitória com que se inebriam explica a resistência feroz com que se opõem frequentemente à cura. O pior inimigo do terapeuta que trata uma paciente anoréxica é o deleite que ela sente em domar seu corpo e ter orgulho disso. Eis por que a maioria dessas pacientes não se interessa em fazer uma consulta; e, quando o fazem, é em geral em consideração a seus pais preocupados.

Isso no que se refere a Marie! E nós? Como vivemos nosso corpo? Como o sentimos? Como o vemos? Seguramente, não somos vítimas de alucinações nem de uma foraclusão devastadora como as sofridas por Marie. Por outro lado, também somos cegos à realidade objetiva de nosso corpo, eu diria até mesmo cegos de nascença, porque nunca soubemos e jamais saberemos sentir ou ver nosso corpo tal como é, mas como pretendemos ou tememos que ele seja. Todos nós formamos sempre uma imagem exagerada do nosso corpo, seja por excesso, seja por falta, ou ainda por uma ideia falsa das sensações internas. Às vezes nós o vemos ou sentimos pequeno ou grande demais, gordo ou magro demais, velho ou jovem demais, vulnerável demais ou, ao contrário, para sempre infatigável. Em outras ocasiões, lamentamos ter uma cabeça grande, ou um nariz enorme, ou sofremos com um pênis ou seios ridiculamente pequenos. Doentes, inventamos com frequência uma anatomia completamente imaginária e localizamos erradamente nossa dor num órgão que, entretanto, não foi atacado. Incontestavelmente, nunca percebemos o corpo tal como é, o percebemos sempre para mais ou para menos, o percebemos sempre diferentemente. Não vemos senão o que queremos ver, ou melhor, o que nosso desejo inconsciente nos leva a ver. Se tivéssemos que nos comparar a Marie, eu diria: ali onde, psicótica, ela alucina seu corpo obeso, nós, neuróticos, deformamos a percepção do nosso. Isso mostra quanto a imagem que fazemos de nosso corpo é sempre uma imagem falsa, uma miragem conveniente.

## Percebemos uma imagem sempre deformada de nosso corpo

> A imagem do ser ou da coisa que amo, odeio, temo ou desejo é sempre falsa.
>
> J.-D. N.

Mas por que nossas imagens corporais são falsas? Por que concluir que a imagem de nosso corpo é sempre distorcida? Por que Lacan repisa que as imagens nos ludibriam, nos mentem e mascaram a realidade? E, mais genericamente, quando diremos que uma imagem é falsa? Eis a resposta: a imagem de um objeto percebido é falsa quando amo ou odeio esse objeto; é falsa também quando o objeto percebido desperta a criança que existe em mim; e falsa ainda quando esse mesmo objeto, percebido com meus olhos de amor ou de ódio e minha candura infantil, é percebido igualmente com o olhar severo do pai que existe em mim, que julga e me julga. A percepção de qualquer coisa importante para mim será inexoravelmente deformada pela influência de meus sentimentos de amor e de ódio, conscientes ou inconscientes; deformada pelo ressurgimento de uma antiga emoção infantil; e deformada ainda pela presença do Outro, quero dizer, de todos os outros que carrego em mim. Esclareço a propósito que, quando escreve o Outro com um A maiúsculo [de "Autre"], como o notou Lacan, convém entender ao mesmo tempo a presença interiorizada de todos aqueles que foram, são ou serão meus eleitos, bem como, mais globalmente, a influência social, econômica e cultural do mundo em que vivo. Em suma, o vocábulo "grande Outro" recobre tanto todas as pessoas que marcam minha existência como as determinantes sociais que me condicionam. Ora, esses três fatores – meus sentimentos conscientes e inconscientes, os fatos relevantes de minha história afetiva e o Outro – tecem a trama cerrada do que chamo de *fantasia inconsciente*. Devo ainda acrescentar um quarto elemento da fantasia, um quarto constituinte que não devemos esquecer e ao qual devemos voltar, a saber, a própria imagem, isto é, a imagem gravada na minha memória do objeto amado que descubro hoje. Tomemos o exemplo dessa garrafinha de água mineral à minha frente. Ela está aqui em toda a sua materialidade de objeto real, não quer dizer nada e não me perturba. Indiferente, percebo-a tal como é: não fantasiada. Porém, se, observando sua cor verde e seu bojo característico, lembro que ela era antigamente a bebida favorita de minha mãe, sou subitamente tocado pela mencionada garrafa e, assim, dispenso-lhe uma atenção inteiramente afetiva. Redescubro-a agora como um objeto de minha história. Não a vejo mais tal como é, neutra e anônima, mas maior, radiosa e mais fresca do que era. A garrafa tornou-se sugestiva, isto é, significa alguma coisa e, a partir desse momento em que ganha sentido, eu a redescubro em mim. E em que lugar de mim? Lá onde ela estava adormecida, em meus afetos, na minha memória inconsciente e em minha relação com o Outro que amei e perdi. Em suma, eu a redescubro na minha fantasia infantil. Agora, ela existe para mim: acabo de reavivá-la. Eu a vi, reconheci e, instantaneamente, sua antiga imagem ressuscitou em mim e cobriu, como um véu, o objeto real colocado na mesa. Ela deixou de ser o objeto banal que me punha indiferente, brilha agora no dia da minha consciência comovida e me arrasta para a cena da minha fantasia. O passado faz-se presente e o presente encontra o passado. Agora não verei mais a garrafinha de água mineral tal como ela é, mas tal como meu desejo quer que ela seja. Melhor ainda, a partir do momento em que a tomei como exemplo, ela perdeu sua insignificância e tornou-se não apenas minha garrafa, mas nossa garrafa, sua garrafa... sim, sua garrafa, se essa alegoria despertou em você a lembrança de um instante passado. Eu então dizia que a fantasia era composta de três elementos: os sentimentos, a presença do passado e o grande Outro, e agora acrescento-lhe um quarto, a imagem infantil e fantasística que recobre e deforma a imagem objetiva do objeto presente. Sem esquecer o que antecede qualquer fantasia, penso na própria materialidade do objeto, em sua consistência real, condição sem a qual, naturalmente, a fantasia não teria podido se formar ontem nem se reativar hoje. Sem a garrafa de vidro não teria havido fantasia! Em suma, é através do filtro de uma fantasia composta de quatro lentes deformantes que percebemos a coisa real que conta efetivamente para nós. As quatro lentes são: os sentimentos ("*Eu a amo*"); a lembrança ("*Encontro hoje o mesmo objeto de ontem*"); o grande Outro ("*Encontro esse objeto bonito ou feio*", segundo o cânone de beleza em vigor na sociedade); e a imagem antiga do objeto superpondo-se e deformando a imagem de hoje ("*Percebo o objeto velado pela imagem que conservo dele na minha memória afetiva e inconsciente*").

Mas, justamente, eu lhe pergunto: o que é mais importante para você? Seus filhos, seu cônjuge, seus pais, seu trabalho, sua casa, ou ainda seus ideais? Pois bem, de todos os seres e coisas que você ama e cuja percepção permanece mais que nunca velada por suas fantasias, há um, objeto supremo e privilegiado, que prevalece sobre todos os outros, o parceiro mais indispensável, vital e precioso, a saber, o seu próprio corpo. Não vamos nos iludir, *a coisa mais importante para nós é o nosso corpo*. Assim, sempre que sentimos o nosso corpo, o vemos ou julgamos, estejamos certos, forjamos dele uma imagem deformada, inteiramente afetiva e resolutamente falsa. Para resumir, nunca percebemos nosso corpo tal como é, mas tal como o imaginamos; o percebemos como *fantasia*, isto é, mergulhado nas brumas de nossos sentimentos, reavivado na memória, submetido ao julgamento do Outro interiorizado e percebido através da imagem familiar que já temos dele. Com isso, fiéis às nossas fantasias, por assim dizer, escravos inocentes das fantasias através das quais percebemos nosso corpo, temos duas maneiras de vivê-lo, seja esquecendo-o, e aí identifico meu corpo a meu ser e digo que *sou* meu corpo; seja pensando nele, e aí considero meu corpo meu bem mais inestimável e digo que *tenho* um corpo. Mas que meu corpo seja eu ou que meu corpo seja meu, que pertença à ordem do *ser* quando o esqueço ou à ordem do *ter* quando penso nele, identifique-o a meu ser ou o considere meu parceiro mais amado ou odiado, mais familiar ou mais estranho, mas dócil ou mais rebelde, mais gratificante ou mais tirânico, em todos os casos, eu só poderia sentir, ver e julgar meu corpo através de uma percepção deformada. Assim, entre nosso corpo e nós interpõem-se inevitavelmente as lentes deformantes de nossas fantasias. Vivemos e morremos sem saber que um véu enganador, embebido de amor e ódio, de lembranças e julgamentos, sempre falseou a percepção de nosso corpo.

## O que é uma imagem? Uma imagem é sempre o duplo de alguma coisa

> A imagem não é o próprio objeto, mas é como o próprio objeto.
>
> J.-D. N.

Temos então uma imagem deformada de nosso corpo. Muito bem. Mas o que é uma imagem? Sobre que superfície ela se projeta? Qual é a sua estrutura? Quais são suas funções e propriedades? Qual é a energia que a anima? Quais as teorias de Freud e Lacan a esse respeito? E, depois, qual é o corpo cuja cópia é a imagem corporal? Eis questões que iremos aprofundar, todas subordinadas a uma interrogação maior: que interesse temos nós, psicanalistas, em compreender uma imagem corporal? O que está em jogo nesse conceito escorregadio e difícil que se esquiva do nosso pensamento, deixa-se agarrar e foge novamente?

Comecemos por responder às duas perguntas mais elementares e, não obstante, mais bem estudadas na literatura analítica: o que é uma imagem? E qual é o corpo cuja réplica é a imagem corporal? Vamos definir primeiro a imagem em geral. Julga-se erradamente que a imagem pertence exclusivamente ao domínio da visão e muitas vezes confunde-se imagem e imagem visual. Isso é um erro, pois sabemos que existem muitas outras imagens além da imagem visual. O que é então uma imagem? De todas as definições desse termo, a mais clara e rigorosa é a proposta pelos matemáticos. O que diz ela? Dados dois objetos pertencentes a dois espaços distintos, diremos que o objeto *B* é a *imagem* do objeto *A* se a todo ponto ou grupo de pontos de *B* corresponder um ponto de *A*. Como veem, essa equação simples permite-nos compreender facilmente que uma imagem é o duplo exato ou aproximativo de um antecedente ou, se preferirem, de um original – imagem e original pertencendo cada um a um espaço diferente. Por exemplo, direi da caricatura de meu rosto que é uma imagem semelhante porque aos traços rudimentares do desenho correspondem traços precisos do rosto. Uma vez admitida essa definição depurada da imagem, resta saber sobre que suporte a imagem se projeta. Se pensarmos agora na imagem do corpo, diremos que é um duplo que pode aparecer como uma representação plástica em duas ou três dimensões (pintura, fotografia, cinema, escultura etc.); como um reflexo sobre uma superfície polida – como o reflexo de sua silhueta num espelho ou num vidro; ou ainda como uma representação mental "impressa" na superfície virtual da consciência ou do inconsciente – tal qual a imagem consciente de uma sensação gustativa ou a imagem consciente e recalcada da mesma sensação já sentida quando criança; e, finalmente, a imagem pode se desdobrar em uma ação e assumir a forma de um comportamento, de um gesto irrefletido ou de uma atitude corporal involuntária. Essa última variante, que designo como imagem-*ação*, é a expressão corporal de uma emoção cujo sujeito não tem consciência. A imagem-ação não é representada no papel, nem refletida no espelho, nem inscrita na cabeça, ela intervém nos movimentos corporais de um sujeito que não percebe que seu comportamento põe em cena um vivido emocional antigo do qual ele não tem lembrança. Por exemplo, diremos que determinado comportamento de dependência de um alcoólatra é a imagem-ação de um luto ignorado (a perda de um ente querido foi tão brutal que o paciente, então jovem, não sofreu). Voltaremos adiante a essa última categoria da imagem-ação, bastante útil no nosso trabalho clínico.

Mas, seja a imagem um reflexo visível, uma representação mental consciente ou inconsciente, ou ainda um comportamento significativo, ela continua sendo sempre o duplo de uma coisa. A imagem visual é o duplo da aparência do corpo; a imagem mental é o duplo de uma sensação; e a imagem-ação é o duplo de uma emoção inconsciente. Ao lembrar-lhes a definição matemática da imagem, acabo de estabelecer o primeiro dos três princípios que serviram de fio condutor à minha pesquisa. Ei-lo então, o mais genérico: *uma imagem é sempre o duplo de alguma coisa*. O segundo princípio pode ser assim resumido: *o duplo, isto é, a imagem, pode existir seja em nós, em nossa cabeça, à maneira de uma representação mental consciente ou inconsciente, seja fora de nós, visível sobre uma superfície, ou ainda posta em movimento num comportamento significativo.*

Assim, teríamos três imagens distintas: uma imagem *mental*, uma imagem *visual* e uma imagem-*ação*.

Enquanto o segundo princípio aponta o lugar no qual se inscreve a imagem – em si ou fora de si –, o terceiro princípio, eminentemente psicanalítico, refere-se à carga de emoção e fantasia da imagem. Pode ser assim formulado: não existe imagem senão pregnante; ou, então, não existe imagem senão de um objeto investido afetivamente, inscrito na memória consciente ou inconsciente e capturado nas redes da relação com o Outro. No fundo, para nós, psicanalistas, não existe imagem senão de um objeto amado, odiado, desejado ou temido. A imagem consciente de uma terrível dor de dentes seria pregnante se, por exemplo, fosse associada à penosa recordação da seringa do horrível dentista da minha infância. É como o exemplo da nossa garrafinha: antes de lhes falar dela, sua imagem de antigamente estava adormecida, agora, ao lhes falar, eu a desperto e a torno pregnante. Observemos ainda que, carregada de amor, de ódio ou de outros sentimentos, a imagem pregnante nunca pode ser a cópia perfeita de um objeto real, mas sua cópia aproximada, seu duplo deformado. Logo, terceiro princípio: *psicanaliticamente falando, não existe imagem senão pregnante, portanto, deformada*; caso contrário, ela permanece fora do campo da psicanálise. Tudo que nos toca ou nos tocou afetivamente, isto é, tudo que suscita sentimentos e lembranças marcadas pela presença de outrem (fantasia), pertence ao campo do inconsciente; e tudo que nos é indiferente acha-se dele excluído. Resumindo, a imagem que nos interessa, a nós, psicanalistas, é sempre a imagem pregnante e falsa – não nos esqueçamos disso – de um objeto amado, odiado, desejado ou temido, isto é, um objeto fantasiado.

Ora, qual é o objeto que nos é mais caro e, por conseguinte, fantasiado, senão justamente nosso próprio corpo quando, perturbado, nos faz reviver uma experiência passada?

Acrescentemos, por fim, uma observação essencial. Toda imagem consciente – desde que pregnante –, assim como toda imagem-ação – desde que interpretada –, deriva de uma imagem originária inscrita no inconsciente infantil que chamamos de *protoimagem inconsciente*. Mas antes de abordar e investigar a natureza do corpo cujo duplo é a imagem, proponho-lhes agrupar as diferentes definições de imagem.

**O que é uma imagem?**

- A imagem é o *duplo* fiel ou semelhante de um ser ou de uma coisa.
  ❑ Exemplo: a fotografia ou a caricatura do meu rosto.

- A imagem é o *duplo* refletido de um ser ou de uma coisa em uma superfície polida (*imagem visual*).
  ❑ Exemplo: o reflexo de meu corpo no espelho. Veremos adiante que denomino *imagem especular* a silhueta do corpo refletida no espelho; e *corpo imaginário* ao corpo considerado do ponto de vista de sua forma.

- A imagem é o *duplo* impresso na consciência quando temos uma sensação afetivamente importante para nós (*imagem mental consciente*).
  ❑ Exemplo: a imagem consciente, não-figurativa e imprecisa do sabor incomparável do primeiro café. Claro,

todos nós sabemos reconhecer o sabor do café, associar-lhe seu aroma, até mesmo imaginar que ele tem um gosto cor de ébano e, não obstante, nunca saberemos definir exatamente esse gosto e ainda menos vê-lo. Assim, essa imagem gustativa, como toda imagem sensorial, não poderia ser senão aproximativa. Naturalmente, nosso exemplo só é válido porque o prazer de degustar o café nos remete a uma experiência gustativa similar intensamente vivida na nossa juventude. Veremos adiante que a imagem consciente, não-figurativa e pregnante que atualiza nossas primeiras sensações indeléveis (sabores, cheiros, sons etc.), é uma das variantes da imagem do *corpo real*. Se o corpo imaginário é o corpo visto, o corpo real é o corpo sentido.

- A imagem é o *duplo* impresso no *inconsciente* infantil quando o bebê vive uma sensação intensa na relação sensual com a mãe ou com qualquer outra pessoa afetivamente importante para ele (*imagem mental inconsciente*). Essa imagem, conservada na memória inconsciente e que denominamos *protoimagem*, é o protótipo de todas as imagens posteriores, sejam elas imagens conscientes ou imagens-ação, de uma sensação similar.

  ❑ Exemplo: em Proust, o gosto da *madeleine* de sua infância (*protoimagem gustativa*) volta-lhe subitamente à consciência quando, já adulto, saboreia um pedaço desse bolinho mergulhado no chá. A protoimagem pode ou *permanecer inconsciente* ou *voltar à consciência* por ocasião de uma circunstância do momento (Proust saboreando seu chá), ou, ainda, pode *exteriorizar-se num movimento espontâneo do corpo (imagem-ação).* Veremos adiante que a protoimagem inconsciente de nossas sensações infantis é, ela também, uma variante da imagem do *corpo real.*

- A imagem é o *duplo* cinético de uma emoção da qual o sujeito não tem consciência (*imagem-ação*). Dizendo mais simplesmente, a emoção da qual não queremos tomar consciência impõe-se num comportamento; e é justamente esse comportamento espontâneo que denominamos *imagem-ação.*

  ❑ Exemplo: o comportamento de dependência de um alcoólatra é a imagem-ação de um sentimento inconsciente de culpa. Com efeito, a imagem-ação é a expressão não de um sentimento de culpa que existiria em estado bruto no inconsciente, mas de um sentimento de culpa dramatizado numa cena fantasiada. No inconsciente, a emoção nunca circula como um elétron livre, sendo sempre dramatizada numa situação cênica. Essa cena, em que a emoção atua, não é outra coisa senão a protoimagem inconsciente. A imagem-ação, portanto, é uma das atualizações possíveis da mencionada protoimagem. Veremos adiante que a imagem-ação é ainda outra variante da imagem do *corpo real.*

- A imagem é finalmente o *duplo nominativo* (nome) que designa uma particularidade do corpo.

  ❑ Exemplo: o nome "lábio leporino" é a *imagem nominativa* de uma fissura labial congênita. Veremos adiante que a imagem nominativa é a imagem do *corpo simbólico.*

## O corpo é a via régia que leva ao inconsciente!

Devo agora responder à nossa segunda pergunta: que corpo é esse cujo duplo é a imagem corporal? Mas não posso fazê-lo sem dizer-lhes primeiro por que me interesso pela noção tão delicada de imagem do corpo. Se escolhi apresentar-lhes essa noção tal como a concebo a partir de minha prática clínica e de minha leitura dos textos fundadores da psicanálise, é porque, num tratamento, a imagem corporal se revela como um dos caminhos privilegiados para termos acesso ao inconsciente do paciente. Pois, como o psicanalista pode captar uma emoção da qual o paciente não tem consciência? Como captar uma emoção recalcada senão através de um fulgor no olhar de nosso paciente numa expressão distraída, e, se ele estiver deitado, na maneira como se enrijece ou se curva, move a cabeça, produz sons guturais ou murmura palavras inaudíveis? Tudo isso são mensagens corporais, indícios preciosos para um psicanalista, "simulacros"* – teria exclamado Lucrécio –, "semblantes" – teria dito Lacan – e hoje chamaríamos essas mensagens de imagens, imagens corporais. Aqui ouço-os interrogar: "Como assim, imagens corporais? Por que qualificar como imagem a tristeza de um olhar, a asfixia de uma voz ou a crispação de um rosto?" Todas essas manifestações corporais, esses simulacros, esses semblantes, essas mensagens emitidas por um corpo modelado pela emoção, verdadeiras vias de acesso ao inconsciente, são, de fato, imagens, mas, como vocês compre-

* A reboque de seu mestre Epicuro, Lucrécio pensa que membranas leves chamadas "simulacros" separam-se da superfície dos objetos, esvoaçam em torno deles e deformam a percepção que temos deles. Assim, nunca vemos o que é, mas o simulacro que o substitui (*Simulacra*, *De rerum natura*, IV, v.34).

enderam, imagens-*ação*. São imagens-movimento, imagens que não se projetam nem sobre uma superfície refletora nem sobre a superfície psíquica; não são nem imagens do espelho nem imagens mentais, mas movimentos de um corpo perpassado por uma emoção inconsciente. As imagens-ação não se formam em duas dimensões, mas em três, elas não se desenham em nossa consciência, realizam-se concretamente numa atitude corporal involuntária suscetível de ser interpretada pelo psicanalista como reveladora de uma emoção congelada no inconsciente. Em suma, as imagens-ação são posturas, mímicas ou gestos espontâneos, imagens vividas no lugar de refletidas, atuadas mais que representadas. É perfeitamente compreensível por que essas imagens, esses signos não-verbais, são, para o clínico, verdadeiras garras para apreender as emoções inconscientes do paciente.

Sem dúvida, há muitas outras manifestações da imagem-ação em nossa prática. Penso aqui em uma das modalidades de interpretação de determinados sonhos de meus pacientes. Muitas vezes me ocorre desenhar um sonho que me trazem. Sim, desenho, na forma de uma tira de quadrinhos rapidamente esboçada, a cena descrita pelo paciente. Ouvindo os comentários do analisando sobre seu sonho, olho meu desenho, inspiro-me nele e construo as hipóteses que eu seria levado (ou não) a lhe propor. Ao fazê-lo, opero um retorno à imagem do sonho que o paciente pôs em palavras. Enquanto ele transforma a imagem onírica em palavras, eu, analista, reconstruo a imagem onírica escutando suas palavras. Porém, seja qual for a imagem que apareça no sonho ou que minha mão desenhe espontaneamente no papel, ela permanece, no fundo, uma imagem-ação. Por que ação? Porque é uma imagem encarnada nos movimentos de nosso corpo. Ora, a imagem-ação é a exteriorização espontânea de outra imagem, de uma imagem fonte, profundamente ancorada em nosso inconsciente, que chamamos de protoimagem. A sequência seria a seguinte:

A *protoimagem* inconsciente do analista concretiza-se nas imagens oníricas, isto é, nas *imagens-ação* do sonho. → O paciente lembra-se de seu sonho e o conta a seu analista. → O relato do sonho inspira ao psicanalista uma cena que ele desenha espontaneamente (*imagem-ação*). → É então que o terapeuta, decifrador de seu próprio desenho, dá um sentido ao sonho relatado. O desenho esboçado e o sentido que o terapeuta lhe dá são ditados pelo seu inconsciente, um inconsciente exercitado que soube perceber a protoimagem na origem do sonho do analisando.

Em suma, brilhe ela no meio da noite sob a forma de uma imagem onírica ou guie minha mão desenhista de analista, não nos iludamos, é a protoimagem inconsciente do corpo que grava com seu sinete todas as formas que desenhamos mecanicamente, ainda que estas pareçam distantes das formas humanas. Uma vez que a protoimagem é a memória indelével do ritmo que dominou a relação corporal da mãe com o filho, diremos que *toda linha que traçamos distraidamente é a expressão dinâmica do ritmo corporal inscrito no âmago de nosso inconsciente*. Para concluir, assinalemos a que ponto as imagens-ação oferecem ao clínico a prova incontestável de que o corpo é a via régia que leva mais diretamente ao inconsciente.

Se precisássemos reencontrar o fio de nosso raciocínio, lembraríamos que começamos este capítulo mostrando o quanto e por que as imagens são enganadoras, e muito particularmente as imagens pregnantes de nosso corpo. Em seguida, fomos levados a definir a imagem como um duplo *visual* da aparência do corpo; um duplo *mental* das sensações corporais; e um duplo *em ato* das emoções inconscientes. Agora chegou a hora de responder à pergunta que deixamos em suspenso: de que natureza é o corpo cujo duplo é a imagem corporal?

## Meu corpo e suas duas principais imagens: a imagem *mental* de minhas sensações corporais e a imagem *especular* de minha silhueta no espelho

A rigor, deveríamos dizer que, às duas principais imagens de nosso corpo, acrescentam-se duas outras, a imagem-ação desempenhada por nosso corpo em movimento e a imagem nominativa designando um detalhe do corpo.

Assim, para a psicanálise, temos quatro imagens, quatro formas de viver nosso corpo: sentindo-o (*imagem mental*), vendo-o (*imagem especular*), sendo superado por ele (*imagem-ação*) e nomeando-o (*imagem nominativa*).

*

Para uma visão sintética das duas principais imagens do corpo e das outras duas que as complementam, remeto o leitor à Figura 6, p.102.

Comecemos lembrando que o corpo que interessa à psicanálise não é o nosso organismo, corpo auscultado e tratado pela medicina. Não, o corpo que nos interessa decerto é nosso corpo vivo, mas tal como o amamos ou rejeitamos, tal como é inscrito em nossa história e tal como é envolvido na troca afetiva, sensual e inconsciente com nossos parceiros privilegiados. Vocês compreenderam, o corpo que nos interessa é o corpo tal como o vivemos, tal como o interpretamos e, para resumir, tal como o fantasiamos. Vê-se melhor por que é tão difícil separar nosso corpo em carne e osso da percepção subjetiva que temos dele, da imagem deformada que dele forjamos, ou ainda, da fantasia com a qual ele se confunde. Na vida afetiva e, *a fortiori*, no tratamento analítico, corpo e imagem ou, mais globalmente, corpo e fantasia não constituem senão um, são indissociáveis.

A se admitir isso, o corpo fantasiado pode ser qualificado, segundo as categorias lacanianas, de *real*, de *imaginário* ou de *simbólico*: corpo real, corpo imaginário e corpo simbólico. É bom deixarmos claro que Lacan nunca agrupou os três estados do corpo como acabo de lhes propor e, muito menos, postulou que esse corpo de três facetas é o que fantasiamos. Esclareço igualmente que a expressão "corpo real", empregada algumas vezes por Lacan, designa, segundo minha interpretação, não o nosso organismo, mas a chama interior que o irradia, ou seja, as sensações, os desejos e o gozo. Portanto, corpo real significa para nós o real do corpo, isto é, tudo o que no corpo é presença indelével da vida. Feitos esses esclarecimentos, voltemos aos três estados do corpo. Direi que o *corpo real* é o corpo que sinto, que o *corpo imaginário* é aquele que vejo e que o *corpo simbólico* é, ao mesmo tempo, meu *corpo simbolizado*, ele próprio *símbolo* e, acima de tudo, *significante*, isto é, agente de mudanças operadas em minha realidade somática, afetiva e social. Sejamos claros. Meu corpo é sempre fantasiado, mas quando o sinto, ele assume o status de real; quando o vejo, assume o status de imaginário; e quando provoca uma mudança em minha vida assume o status de significante. Eis os três estados de nosso corpo fantasiado, o único corpo, insisto, que interessa à psicanálise. Tentemos agora abordar separadamente cada um desses estados e sua imagem respectiva.

## Meu corpo real é o corpo que sinto: a imagem do corpo real

Eu lhes disse que o corpo real é o corpo que sinto. Mas por que qualificar esse corpo como real? É difícil definir o real, pois ele é em si indefinível, rebelde a qualquer abordagem da razão. O real é, de fato, o átomo inconsútil, o ínfimo grão de areia em torno do qual cristaliza-se a pérola da fantasia. Expliquemos. Todo o nosso imaginário, nossos sonhos e fantasias são construídos a partir do que sentimos fisicamente e do que já sentimos quando criança. E o que sentimos, senão a profusão de nossas sensações, de nossos desejos e do gozo? Eis o grão de areia, o real no âmago de toda fantasia: o frêmito da vida em nosso corpo. O corpo real é ao mesmo tempo corpo das sensações, corpo dos desejos e corpo de gozo. O corpo das sensações internas e externas é nosso corpo sensorial; aquele dos desejos é nosso corpo erógeno, corpo aberto ao corpo do outro para lhe dar prazer e dele receber; e, finalmente, o corpo do gozo é nosso corpo quando o sentimos despender sua energia, resistir aos mais extremos sofrimentos, desgastar-se e degradar-se inexoravelmente. Sensação, desejo e gozo são intensidades crescentes de um corpo que qualificamos de real; real não porque é sólido e palpável, mas porque a vida que existe nele, essa efusão permanente, constitui para nós um impenetrável mistério. A vida é tendência, e a essência de uma tendência nos escapa e nos escapará sempre, pois o em-si de toda tensão viva é nosso real inacessível ao conhecimento, impossível de simbolizar. O real é o absoluto que existe em si e se subtrai a nosso saber. Corpo real quer então dizer a força que anima um corpo. Assim, o real do corpo é sua força. Mas que força? A força que vai e o arrasta, a força de nascer, desenvolver-se ao máximo, reproduzir-se e superar as doenças ou a elas sucumbir. Definitivamente, a vida não se desenvolve senão devorando-se a si mesma.

Eis o que entendemos por corpo real, mas o que dizer acerca de sua imagem? Como definir a imagem do corpo real? Para responder, peço-lhes que se submetam ao seguinte jogo. É um exercício de concentração. Recolham-se por um instante, fechem os olhos e tentem concentrar toda a sua atenção sobre as sensações que se agitam surdamente em sua barriga, por exemplo. O que sentem? Eu poderia lhe perguntar: que imagem você faz do que sente? Pois não sentimos nada sem que uma imagem se forme – ainda que fugaz – sobre a placa sensível de nossa consciência. Se, além do mais, ao se concentrar, uma lembrança eloquente lhe ocorre, diremos então que a imagem consciente de suas sensações viscerais é uma imagem pregnante. Acrescentemos que a imagem consciente de uma sensação inclui também a representação mental imprecisa da zona corporal de onde emana a sensação. Dito isso, repito a pergunta: o que você sente ao se concentrar em suas sensações digestivas? Que imagem você forma? Supondo que me dirijo a você por volta do meio-dia, você poderia me responder, por exemplo: "Sinto um buraco no estômago", ou, ao contrário, deixando a mesa: "Sinto-me uma bola", ou ainda, doente, você poderia me descrever uma desagradável impressão de enjoo. Quais seriam então as imagens formadas por suas sensações viscerais? Provavelmente você não saberia se explicar claramente, pois nos é impossível identificar em filigrana a imagem de nossas sensações corporais. Imagem fluida e fugidia, verdadeiro fantasma que desaparece no momento em que nossa consciência gostaria de desenhar seus contornos. Eis por que a imagem consciente de nossas sensações físicas nunca é nítida, mas sempre evanescente, nunca realista, sempre sugestiva.

Ora, quando a imagem consciente de uma sensação corporal é pregnante, isto é, quando se associa a uma lembrança eloquente, podemos estar seguros de que ela é a revivescência de uma antiga imagem corporal inscrita no inconsciente por ocasião de um intenso episódio infantil. É justamente essa imagem originária, protótipo de todas as imagens posteriores de uma sensação igual, que denominamos protoimagem. O exemplo mais ilustrativo de uma protoimagem infantil que retorna à consciência adulta é extraído – acabamos de mencioná-lo – da obra desse psicólogo nato que foi Marcel Proust. A imagem gustativa esquecida das primeiras *madeleines* de sua infância volta-lhe subitamente à consciência quando, 30 anos mais tarde, ele saboreia com o mesmo prazer – o que digo eu, com um prazer decuplicado – um gole de chá onde mergulhou um pedaço do bolinho. Ora, também pode acontecer que, em vez de aflorar na consciência, a imagem inconsciente de nossas sensações infantis se precipite numa ação; ela é representada pelo sujeito como a cena de um sonho é representada por um sonâmbulo. Observemos que essas duas modalidades de retorno do recalcado infantil, na consciência ou nos atos, impõem-se ao sujeito adulto sem que este compreenda que se trata de emanações de seu inconsciente. Para que compreenda isso, precisa ainda que um psicanalista lhe revele ou que, a exemplo de Proust, o descubra sozinho praticando a autopercepção.

O que é então a imagem do corpo real ou, o que dá no mesmo, como sentimos nosso corpo? Podemos senti-lo conscientemente (imagem consciente) ou em movimento (imagem-ação), sem saber que essas duas formas de perceber nosso corpo atualizam antigas percepções (protoimagem inconsciente). Em suma, temos uma imagem consciente de nossas sensações presentes, uma outra, motora, que assume a força de um comportamento involuntário, e uma terceira, na origem das duas primeiras, protoimagem inconsciente de nossas sensações passadas. Essa imagem protótipo, Dolto a teria denominado imagem inconsciente do corpo. Esquematizando, diremos que a imagem do corpo real, originariamente inconsciente, torna-se ora consciente, ora ação.

*A estrutura da imagem mental do corpo real* – Porém, independentemente de sua qualidade psíquica, inconsciente, consciente ou motora, qual é a estrutura da imagem de nosso corpo real? Se pensarmos em todas as impressões produzidas pelas excitações que agitaram nosso corpo de criança e que agitam nosso corpo de adulto, fica claro que a estrutura da imagem mental de nosso corpo real é uma superfície crivada por impactos, um mosaico, cada peça sendo uma microimagem refletindo uma indizível sensação sensorial, um aspecto da zona corporal concernida e, frequentemente, um detalhe das circunstâncias da sensação. Uma câimbra na panturrilha (sensação), o despertar de nossos sentidos à aproximação do corpo lascivo do amado (desejo), ou o vivido interior de uma lassidão infinita (gozo), todas essas impressões, com a condição de serem pregnantes, inscrevem em nosso psiquismo (consciente e inconsciente) microimagens não-figurativas, móveis, cambiantes e em sobreimpressão com as velhas imagens gravadas na infância (*protoimagens*): uma, recentemente cunhada, confunde-se com outra mais antiga. Compreendemos que a estrutura da imagem mental de nossas sensações físicas revela-se em seu conjunto como um *patchwork* de microimagens, cada uma reavivando-se por ocasião de nova excitação física. Em outros termos, cada imagem parcial acende-se e apaga-se ao sabor dos movimentos libidinais que sejam suscitados por uma excitação oriunda do meio ambiente ou do interior do corpo. Aqui ocorre-me o instantâneo divertido de uma "bobina libidinal" que percutiria e acenderia sucessivamente as diferentes microimagens como os comandos piscantes de um fliperama. A propósito da libido, nutriente vital de toda imagem, assinalemos que no cerne da imagem global do corpo real recorta-se uma zona sem imagem, um buraco em torno do qual gravita o conjunto das microimagens parciais. Naturalmente, esse buraco é apenas uma metáfora que nos indica a possibilidade de representar na imagem a energia libidinal que lhe dá vida. Dizemos que o buraco indica em negativo a energia libidinal irrepresentável. Eis, portanto, a imagem *patchwork*, esburacada, não-figurativa, inconsciente, às vezes consciente e pregnante, às vezes motora, de nossas sensações físicas. Sugiro ao leitor examinar as Figuras 4, 5 e 6 (p.93, 96-7 e 102), onde confrontei essa imagem mental e não-figurativa do corpo real com a imagem do corpo imaginário, visível no espelho, imagem especular que agora iremos examinar.

## Meu corpo imaginário é o corpo que vejo: a imagem especular

Abordemos agora o corpo *visto*, ou corpo *imaginário*. Assim como o corpo real é aquele que sinto, o corpo imaginário é aquele que vejo, principalmente no espelho. Mas atenção! O que vemos desse corpo? Não se trata da aparência física em todos os seus detalhes, a cor de seus cabelos, os traços do seu rosto ou a maneira de se comportar, não, o corpo imaginário é o corpo visto como o veria uma criancinha de oito meses. É o corpo apreendido em sua massa, percebido instantaneamente como uma silhueta ou percebido globalmente como uma sombra humana, como o boneco do espelho esboçado em nossa Figura 4. É essa imagem instantânea do corpo percebido de um relance e como um todo (*Gestalt*) que chamamos, com Lacan, "imagem especular". Defino a imagem especular como o reflexo de nossa silhueta no espelho, silhueta que pode aparecer num suporte – cinema, fotografia, escultura ou pintura – ou ainda revelar-se no aspecto de nosso semelhante, ou mesmo reconstituir-se mecanicamente em nosso espírito, quando, estando de pé, observamos nossas pernas e nossos pés. Afora essa última modalidade, assinalemos que a imagem especular é sempre perceptível de fora; acima de tudo, ela é visível e, mais que visível, fascinante. Pois, quando me vejo num espelho ou me descubro numa fotografia ou numa tela, ou ainda quando sou atraído pelas formas sedutoras do corpo de meu parceiro, a silhueta humana me abala, me cativa, me decepciona ou me aborrece, mas nunca me deixa indiferente. Sim, a imagem especular tem o poder mágico e pérfido de alimentar o amor ou o ódio de si. Há narcisismos positivos, mas igualmente negativos e dolorosos. Ora, esse poder da imagem de nos lisonjear, de nos decepcionar e nos atrair sempre, leva-me a lhes dizer que, a exemplo da imagem mental de nossas sensações internas, a imagem especular é também uma imagem esburacada, ainda que não vejamos o buraco nela. Como lhes disse ainda há pouco, não se trata senão de um buraco conceitual, de uma metáfora, uma maneira de indicar em negativo a energia libidinal invisível que galvaniza meu olhar quando me contemplo no espelho. Posso ver tudo num espelho, exceto o que sinto fisicamente. É impossível vermos refletidas nossas sensações e, muito menos, vermos no espelho a intensidade emocional que, saindo de nós, vai até a imagem, a energiza, dá-lhe vida e volta a nós. Em outros termos, a libido não se reflete no espelho; não existe reflexo do fluxo libidinal que dá vida a meu olhar quando me alegro ou me aborreço diante de minha imagem. Não existe reflexo especular do amor ou do ódio que sinto quando fico absorto na contemplação de mim mesmo. Naturalmente, um sentimento de ódio, por exemplo, pode delinear-se num rosto, mas o reflexo desse rosto no espelho não é a imagem do ódio. O ódio pode dar vida a meu rosto e posso perceber no espelho meu rosto irascível, mas o ódio nunca terá imagem própria. Não existe imagem do ódio em si, nem, aliás, de nenhum outro sentimento. Para ilustrar essa ausência de representação da libido na imagem, desenhei, na Figura 4, um buraco comum à imagem mental e à imagem especular, ambas atravessadas pelo fluxo libidinal que as irriga, aproxima e funde.

Gostaria agora de estudar com vocês em detalhes as propriedades da imagem especular substituindo-a no contexto teórico em que Lacan conceitualizou-a, o do estádio do espelho. Porém, uma palavrinha antes para destacar o imenso poder morfogênico da imagem especular do corpo. Não apenas ela é, enquanto silhueta humana, a mais harmoniosa e sugestiva das formas, como o protótipo universal de todos os objetos inventados pelo homem. A mesa sobre a qual escreve, as portas, as casas, as cidades, até este livro que vocês seguram nas mãos foram concebidos a partir da figura, das proporções e do tamanho do corpo humano, e isto desde os sumérios, milênios antes de nossa era. Assim, o homem, apesar de seus incessantes progressos técnicos que o levam a forjar um novo imaginário sempre mais desconcertante, modela o mundo à imagem global de seu corpo visível. A grande pirâmide de Quéops, por exemplo, tão perfeitamente geométrica e aparentemente distante de toda forma humana, foi, entretanto, construída como um corpo gigante cujos pés são a base, e a cabeça o ponto supremo, arrojado para o infinito do deus Sol. Tudo é construído pelo corpo e a partir do equilíbrio do corpo! Nada destronou e talvez nunca venha a destronar a forma primitiva, graciosa e soberana do corpo humano: o perfil de uma cabeça coroando a massa de um busto prolongado por quatro membros. Eis o arquétipo mais eterno, mas também o mais perfeito de todas as maravilhas que criamos e diante das quais nos prostramos!

## Oito proposições sobre a imagem especular do corpo: o estádio do espelho

Abordemos então a função matricial da imagem especular enquanto modelo de identificação para o bebê e fundamento de sua identidade. Uma preocupação com o rigor leva-me a lhes apresentar, sob a forma de oito proposições, minha visão pessoal do conceito lacaniano de *estádio do espelho*. Nos anos do pré-guerra, sob a influência dos trabalhos de Henri Wallon e das pesquisas etológicas e neurológicas, Lacan descobre a importância do espelho na formação da identidade de uma criança entre seis e 18 meses. Batiza então essa fase do desenvolvimento infantil como "estádio do espelho". Acabo de dizer que o espelho intervém na formação da identidade, mas deveria ter sido mais explícito e afirmado que ele intervém na formação do Eu [*Je*] e do eu [*moi*]. A propósito, lembremos que Lacan sempre fez questão de distinguir esses dois aspectos de nossa identidade, o Eu e o eu, e que seu célebre artigo sobre o estádio do espelho intitula-se: "O estádio do espelho como formador da função do Eu tal como nos é revelada na experiência psicanalítica." Enfatizo a expressão "formador da função do Eu" e não, como tudo sugeriria, formador da função do *eu*. Definitivamente, para Lacan, o *Eu* não é o *eu*. Em que se diferenciam? Vamos responder nas páginas que se seguem, mas digamos desde já que o *Eu* é o pronome pessoal que indica a singularidade de um sujeito entre os humanos; o sujeito se pensa único e afirma isso com toda a naturalidade ao dizer "Eu". O *eu* é bem diferente; o *eu* é sentir-se a si mesmo instalado num corpo, obedecendo a necessidades, atravessado por desejos e produto de uma história. Se o *Eu* é uma afirmação, a afirmação de ser um, o *eu* é um sentimento, o sentimento de ser você mesmo. O primeiro é a afirmação simbólica e social de nossa singularidade, enquanto o segundo é a afirmação imaginária e afetiva de nosso ser. Mas quer se trate do *Eu* ou do *eu*, como verão, a imagem do espelho é a que permite a um bebê de seis meses reconhecer-se e já descobrir as bases de sua futura identidade afetiva e social.

Chego agora às nossas oito proposições sobre a imagem especular começando por definir o célebre estádio do espelho.

❑ *Em sua acepção descritiva, o estádio do espelho é uma fase observável do desenvolvimento infantil durante a qual o bebê descobre, refletida num espelho, a imagem global de seu corpo. Em sua acepção teórica, o estádio do espelho é um conceito psicanalítico que dá conta do nascimento do Eu, do eu e do outro. Assim, o estádio do espelho é tanto uma fase quanto um conceito.*

❑ *O personagem principal do estádio do espelho não é o bebê nem seu olhar, mas a imagem especular de seu corpo.* Se imaginarmos o estádio do espelho como um drama atado em torno da imagem especular, os outros personagens seriam o *corpo* da criança, a *luz* que o ilumina, o *espelho* que o reflete, o *olho* que capta a imagem e, finalmente, o adulto que acompanha a criança, *testemunha* da cena. Todos esses protagonistas representam um drama que tem seu desenlace com o nascimento do *Eu* da criança, de seu *eu* e do *outro*.

❑ *A imagem especular mostra à criança que seu corpo se reveste de uma forma humana, fazendo-o sentir que é uma entidade distinta das outras figuras refletidas no espelho e acreditar que é uma unidade homogênea.* Entre seis e 18 meses, o bebê descobre sua imagem no espelho, embora seu sistema nervoso e motor ainda esteja inacabado. Nessa idade, a percepção visual é amplamente mais desenvolvida que a coordenação sensorial-motora. Essa discordância entre uma criança imatura do ponto de vista motor, mas espantosamente precoce para se ver num espelho e se regozijar com isso, levou Lacan a elaborar sua teoria do "estádio do espelho". Durante esse período, o bebê fica feliz diante de sua imagem porque tem a impressão de ter uma forma humana, de ser uma entidade entre as outras entidades refletidas no espelho e por se ver como um todo harmonioso. Expliquemos. O estádio do espelho é a fase durante a qual, pela primeira vez, a criança percebe no espelho uma silhueta humana, movente e dinâmica, que se reporta a ela. É igualmente a primeira vez que, vendo sua imagem se mexer, ela se percebe como uma *entidade*, isto é, como um indivíduo diferente dos seres e coisas que o cercam, como as bonecas, os bichinhos de pelúcia, as outras crianças ou o adulto que a carrega nos braços. O bebê sabe, por exemplo, que o reflexo de sua mãe no espelho não é o seu. Eu dizia que ele se percebe "como uma *entidade*", mas não "como sendo *ele mesmo*", uma vez que um bebê de seis meses não adquiriu o sentimento de si que lhe permitiria dizer: "Sou eu!" à visão de sua imagem. A criança do estádio do espelho é capaz de se reconhecer global e intuitivamente na figura refletida à sua frente, mas não pode identificá-la e menos ainda pensar que aquela figura é seu próprio reflexo. Precisará esperar pelo menos dois anos para adquirir consciência de si. Por enquanto, o bebê está fascinado por descobrir, graças à sua imagem especular, que é uma entidade de forma humana, distinta das outras. Além disso, está maravilhado por constatar que a silhueta de contornos imprecisos que se oferece a seu olhar é uma unidade harmoniosa, móvel e viva. O bonequinho do espelho que se mexe com ele é feito de um tronco encimado por uma cabeça e ladeado por dois braços e duas pernas, o todo articulando-se e mexendo-se com facilidade. Devemos então efetivamente distinguir três sensações que o bebê experimenta diante de sua imagem especular: uma primeira sensação, que poderia ser assim expressa: "Vejo-me como uma entidade de *forma* humana"; uma segunda: "Vejo-me como uma *entidade* humana *distinta das outras entidades* que me cercam"; e uma terceira: "Vejo-me como uma *unidade* coerente e em movimento." Desse fenômeno perceptivo, deduzimos três corolários: a impressão de ser uma *entidade* diferente dos outros, de ser *Um*, anuncia o *Eu* que será afirmado pelo sujeito quando, aos três anos, ele falar em seu próprio nome; segundo corolário: a impressão de ser uma *unidade* coerente e em movimento prefigura seu futuro *eu*. Em suma, a *entidade* anuncia o *Eu* simbólico; a *unidade* anuncia o *eu* imaginário. Finalmente, terceiro corolário, observamos a forte defasagem entre o que a criança vê no espelho e o que sente em seu corpo, entre o *corpo visto* e o *corpo sentido*; em outros termos, opomos a harmonia da imagem refletida à desordem das sensações internas que agitam o pequeno corpo imaturo. Se, diante de seu reflexo, o bebê pudesse testemunhar, nos diria: "Ali, no espelho, vejo-me harmonioso e me regozijo com isso; aqui, no meu corpo, sinto-me agitado pelo revolver das minhas pulsões e tenho medo disso."

❑ *A imagem especular dá à criança a ilusão triunfante de dominar seu corpo.* A alegria do bebê à visão de sua imagem móvel traduz não apenas o prazer de se reconhecer em uma forma humana, mas o de brincar com uma imagem que "obedece" docilmente ao menor de seus gestos. A criança, excitada e transbordante de alegria, toca no espelho porque está orgulhosa de se sentir existir e de dominar uma imagem que ela faz mexer à vontade; ela se deleita então com a ilusão onipotente de dominar tanto sua imagem quanto seu corpo.

❑ *A relação da criança com sua imagem especular depende da presença do Outro.* O encontro do bebê com sua imagem é uma experiência tão desconcertante – apesar de alegre – que a criança se desvia do espelho e procura o olhar cúmplice e tranquilizador do adulto que a carrega nos braços. Esse gesto de virar a cabeça – já detectado por Darwin, no fim do século XIX, observando o próprio filho ainda bebê – revela que a relação do sujeito com o espelho nunca é dual, mas triangular. Há sempre três protagonistas: a criança, sua imagem e o adulto que a segura nos braços. Este realiza um gesto decisivo diante de uma criança feliz, surpresa e inquieta: o adulto sorri para ela e lhe confirma com palavras tranquilizadoras que as duas imagens refletidas no espelho são de fato as suas. Em suma, o *Outro* do estádio do espelho, encarnado aqui pelo adulto acompanhante, desempenha esse duplo papel de ser o cúmplice da alegria e testemunha da cena.

❑ *A assunção pela criança de sua imagem especular é uma identificação.* Mas o que é uma identificação? É um processo pelo qual um indivíduo constitui-se segundo o modelo de um outro; por exemplo, um filho identifica-se com o pai. Ora, qual é o modelo com o qual se identifica o bebê diante do espelho senão sua própria imagem, o reflexo de si mesmo? Sim, o modelo a partir do qual a criança se constitui não é outra pessoa, mas seu próprio reflexo. A criança do espelho está ali diante de um modelo que não é outro senão ela própria. O que deduzir disso? Que, muito evidentemente, uma criança assenta as bases de sua identidade sobre numerosas identificações com os adultos que a cercam, mas, acima de tudo, sobre a identificação consigo mesma, mais exatamente com o modelo especular de si mesma. Espantosamente, *é a imagem dela que a constitui como tal*! Diante de seu próprio reflexo especular, sente-se capturada e, como se entrasse no espelho, calca-se em sua imagem, metamorfoseia-se e amadurece mais. Pouco a pouco, ela se percebe como uma entidade distinta e julga-se uma unidade homogênea. Assim, diremos que, diante da imagem rudimentar de si, eclode o *Eu* simbólico e desabrocha o *eu* imaginário.

❑ *Minha imagem especular não é apenas a imagem de minha silhueta, é também a silhueta de meu irmão humano.* Durante o estádio do espelho dá-se não apenas a primeira identificação da criança com a imagem de seu corpo, de um corpo percebido em sua *Gestalt*, apreendido enquanto entidade e unidade, mas, igualmente, a primeira identificação com a imagem de um semelhante tão humano quanto ele. Dessa constatação deduzimos que a fascinação exercida pela imagem de nosso amado é tão irresistível quanto a atração exercida por nossa imagem do espelho; e, vice-versa, a atração que sentimos por nossa imagem é tão poderosa quanto a atração que sentimos por nosso amado. Daí resulta que amo ou odeio o outro na proporção do amor ou do ódio que dispenso à minha imagem. Eis por que diremos que a imagem especular não se limita exclusivamente ao reflexo de minha silhueta no espelho, ela é também a imagem de um outro tão humano quanto eu. Através de sua própria imagem especular, a criança sente que é nos outros e que os outros são nela.

❑ *Somos alienados tanto em relação à nossa imagem quanto em relação a nosso semelhante.* Uma vez que nossa imagem no espelho confunde-se com a silhueta de nosso semelhante, concluímos que somos alienados tanto em relação a ele quanto à nossa imagem. Para ser eu, para me sentir eu mesmo, para me consolidar como eu, sou obrigado a desvincular minha imagem da de meu semelhante. E, vice-versa, diante de meu semelhante, fico tranquilizado ao me ver humano como ele. Ainda que me distancie dele ou me veja como ele, é sempre dele que dependo. Incontestavelmente, *precisamos do outro para sermos nós mesmos*! Eis a conclusão que causa horror ao neurótico. O neurótico não quer de modo algum depender de um outro, entretanto, o outro lhe é indispensável. Objetivamente, ele precisa do outro para ser ele mesmo e, subjetivamente, quer rejeitar o outro para nada lhe dever e sentir-se ele mesmo, livre de toda dívida e de todo vínculo.

❑ *Resumo de nossas oito proposições sobre a imagem especular.* A teoria da imagem especular foi elaborada a partir do encontro inaugural do bebê com seu reflexo no espelho. A imagem do espelho, paradigma de toda imagem visível do corpo, cativa a criança dando-lhe a impressão de que ela é uma entidade de forma humana, distinta das outras figuras refletidas – primeiro esboço do *Eu* – e um todo homogêneo – primeiro esboço do *eu*. A apropriação por parte da criança de sua imagem é, ao mesmo tempo, uma identificação simbólica e imaginária. Ao assimilar sua imagem especular, a criança tem acesso, na condição de *Eu*, à ordem simbólica, isto é, à ordem social, e, por conseguinte, aliena-se em relação ao outro; e, na condição de *eu*, tem acesso à ordem imaginária povoada por ilusões, a principal sendo aquela de se julgar sempre unificada e autossuficiente. Entretanto, a soberania do inconsciente, os defeitos de nosso corpo perecível e os obstáculos inevitáveis aos quais a realidade nos opõe, nos apontam duramente que nunca seremos completamente unificados nem autossuficientes. Cada um de nós é uma pluralidade de pessoas psíquicas, dotada de um corpo imprevisível e absolutamente dependente das coerções econômicas, políticas, religiosas, biológicas e, sobretudo, afetivas com as quais deve incessantemente transigir. E se liberdade há, ela não consiste tanto em fazer o que queremos, mas em aceitar ou não aceitar o que se impõe a nós. Minha única liberdade não é fazer o que quero, mas amar ou não amar o que devo fazer.

Eis o que eu tinha a lhes expor sobre a imagem do corpo imaginário (*imagem especular*), que constitui, ao lado da imagem do corpo real (*imagem mental de nossas sensações físicas*), as duas faces indissociáveis de uma instância denominada *eu*. Voltaremos ao *eu* imediatamente após termos abordado o terceiro painel de nosso tríptico, a saber, a imagem do corpo simbólico (*imagem nominativa*).

## Meu corpo simbólico é o corpo que nomeio; a imagem do corpo simbólico

> Determinada particularidade do corpo, bem como o nome que a designa, tem o poder de determinar um destino.
>
> J.-D. N.

O corpo é um símbolo porque é a representação mais eloquente da vida e, para além dela, do inconsciente; com efeito, considero toda manifestação do corpo, em particular a fisionomia, o mais imediato revelador do inconsciente. Paralelamente, o corpo, *símbolo* da vida e do inconsciente, é também, na qualidade de inspirador de um grande número de metáforas, o objeto mais *simbolizado* do universo. Entretanto, para Lacan, a palavra "símbolo" tem uma acepção diferente da acepção habitual segundo a qual um símbolo é o lugar-tenente de uma coisa ausente ou virtual; por exemplo, o estandarte tricolor é o símbolo dessa entidade virtual que é a França. A significação lacaniana da palavra "símbolo" é mais restritiva; ela repousa no conceito de *eficácia simbólica* de Claude Lévi-Strauss, isto é, na ideia de que o símbolo tem o poder não apenas de substituir a realidade, mas sobretudo de modificá-la, até mesmo de engendrá-la. Ora, quando um símbolo, entidade eminentemente formal e abstrata, produz efeitos concretos na realidade, Lacan o denomina *significante*. O que é então um significante? É um elemento formal capaz de transformar a realidade.

Eis por que prefiro qualificar o corpo simbólico de "corpo significante". Diferentemente do corpo imaginário que é sempre global, o corpo significante é sempre parcial,

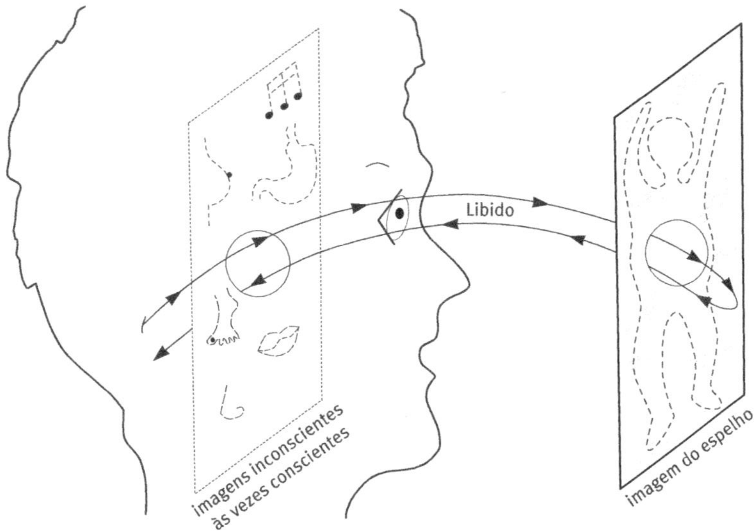


FIGURA 4

As duas imagens principais do meu corpo: na cabeça um *patchwork* de imagens mentais de minhas sensações físicas; e, no espelho, a imagem visível de meu corpo (imagem especular). Ambas as imagens são esburacadas e atravessadas pela libido que lhes dá vida e as une.

## Comentário à Figura 4

Na cabeça, um *patchwork* de imagens mentais de minhas sensações físicas

- Imagens díspares das sensações corporais: acústica ( ), dolorosa ( ), gustativa ( ) etc.
- Inconsciente • Às vezes consciente, não figurativa e esburacada • Às vezes encarnada em uma ação.

★

No espelho, a imagem visível da silhueta do meu corpo (imagem especular)

- Imagem global do corpo • Consciente • Figurativa • Esburacada • Fascinante • Amada e odiada • Modelo de identificação • Protótipo de todo objeto criado pelo homem.

★

Eis as duas principais imagens do meu corpo: à esquerda, na cabeça do sujeito, um conjunto de imagens mentais, não-figurativas, o mais das vezes inconscientes; e, à direita, no espelho, uma imagem visível, logo, consciente, reflexo do corpo daquele que se olha. No alto e à direita do *patchwork* de imagens mentais, desenhei notas musicais para sugerir uma imagem acústica; mais abaixo, um estômago para indicar uma imagem dolorosa, ou ainda uma boca para evocar uma imagem gustativa. Todos esses pequenos desenhos, querendo representar diversas imagens do corpo sentido, poderiam fazer crer erradamente que essas imagens são pictográficas. Insisto: as imagens mentais do corpo sentido não são figurativas. Tive que fazer o desenho de um nariz, por exemplo, na impossibilidade de representar a sensação de cheirar um perfume.

Da mesma forma, tive que traçar um vetor que circula de uma imagem à outra para evocar a libido que liga as duas imagens, as energiza e as unifica; libido irrepresentável, como a sensação de cheirar um perfume. Os dois buracos por onde passa o vetor mostram que a libido, pura energia, não tem imagem. Entretanto, é efetivamente a libido que dá vida às duas imagens, tornando-as pregnantes e condensando-as numa única. Eis por que peço ao leitor que imagine que os dois planos, o da cabeça e o do espelho, formam apenas um. De fato, as imagens de nosso corpo devem ser concebidas como uma única e exclusiva imagem, sempre esburacada para indicar a impossibilidade de representar o fluxo libidinal que a irriga.

<table>
<tr><th colspan="2">MEU CORPO E SUAS DUAS PRINCIPAIS IMAGENS</th></tr>
<tr><th>Na cabeça, a imagem mental<br>de minhas sensações físicas<br>“Eu sinto meu corpo.”</th><th>No espelho, a imagem visível da silhueta<br>do meu corpo (imagem especular)<br>“Eu vejo meu corpo no espelho.”</th></tr>
<tr><td>• Pressuposto: para a psicanálise, o corpo das sensações, cujo duplo são as imagens mentais, é sempre um corpo amado, odiado, desejado e temido, isto é, fantasiado por aquele que o sente.<br>• A imagem de nossas sensações corporais não é uma imagem figurativa: ela é fluida quando é consciente e insuspeita quando é inconsciente. Inconsciente, ela pode ou permanecer assim, ou voltar à consciência, ou até mesmo exprimir-se num agir involuntário (imagem-ação).<br>• O corpo, do qual a imagem mental é o duplo, é nosso corpo pululante de sensações, desejos e gozo. É um corpo fragmentado numa infinidade de excitações, todas díspares.<br>• A sensação de uma experiência intensa, de um desejo vivo ou de um gozo extremo imprime em nosso psiquismo a imagem fluida da própria sensação e dos detalhes da zona corporal concernida.</td><td>• Pressuposto: para a psicanálise, o corpo, cujo reflexo é a imagem especular, é sempre um corpo amado, odiado, desejado e temido, isto é, fantasiado por aquele que se olha no espelho.<br>• A imagem especular é o reflexo no espelho da forma global de nosso corpo, abstração feita de seus detalhes. Essa forma global também pode aparecer em outras superfícies, como uma fotografia, uma tela, um quadro ou uma escultura, ou ainda revelar-se na silhueta de meu semelhante.<br>• A imagem especular é, portanto, uma imagem visível que percebemos de fora.<br>• A imagem especular mostra meu corpo tanto na universalidade de sua forma humana quanto na singularidade de minha silhueta.<br>• A imagem especular é amada e odiada, fascinante, enganadora, modelo de identificação e agente de mudanças. Ame ou odeie minha imagem, ela me excita, me decepciona e me atrai sempre. É minha libido que torna minha imagem cativante, mas também alienante.<br>• A imagem especular é uma imagem falsa por duas razões: em primeiro lugar porque reflete apenas o aspecto visível do corpo e nunca a vida invisível que o anima; falsa também, porque nossa imagem do espelho é demasiado afetiva, demasiado carregada do passado e de nossos hábitos, e demasiado submissa ao olhar crítico de nosso supereu.</td></tr>
</table>

| | |
|---|---|
| • A imagem de conjunto de nossas sensações físicas é, de fato, um *patchwork* de microimagens díspares, cada uma representando o indefinível vivido de uma sensação física, e cada uma se acendendo, intermitente, quando uma lembrança eloquente a ele se associa.<br>• Em suma, a imagem de conjunto de nossas sensações físicas é uma imagem fragmentada.<br>• A imagem de nossas sensações físicas é a matéria-prima que serve à confecção de nossas fantasias inconscientes, nossos sonhos e nossos sintomas.<br>• Decerto, a imagem imerge na libido, quero dizer, imerge no afeto, mas a libido não é representada nela. Eis por que a imagem de nossas sensações físicas comporta um buraco (Fig.4) que indica, em negativo, que a energia libidinal é irrepresentável. | • Do ponto de vista do desenvolvimento infantil, a imagem especular oferece ao bebê seu primeiro modelo de identificação: a criança se reconhece nela como uma *entidade* distinta de todas as pessoas e coisas que se refletem no espelho; esse reconhecimento anuncia seu *Eu* futuro. A criança também reconhece nela sua *silhueta*; esse segundo reconhecimento anuncia seu *eu* futuro. A imagem do espelho faz igualmente a criança descobrir que a pessoa que a ama ou a rejeita reveste-se da mesma forma humana que ela. Assim, amar e odiar o outro equivalem, para a criança, a amar e odiar a si própria.<br>• A criança sente-se fascinada tanto por sua imagem no espelho como pelo outro a quem ama e deseja.<br>• É o laço da criança com sua imagem, ou seja, é sua libido que torna fascinante sua imagem. Assim como a imagem mental de nossas sensações, a imagem especular comporta um buraco que indica, em negativo, que a energia libidinal não é visível.<br>• A silhueta humana é tão naturalmente harmoniosa aos olhos dos homens que se impõe como a mais ideal das formas, protótipo universal de todos os objetos criados desde a noite dos tempos. Assim, nosso mundo é construído à imagem do corpo humano. |

FIGURA 5

**Meu corpo e suas duas principais imagens: na cabeça, a imagem mental de minhas sensações físicas; e, no espelho, a imagem visível da silhueta de meu corpo (imagem especular)**

sempre fragmentário, encarnado às vezes numa enfermidade, muitas vezes num pequeno defeito físico ou em qualquer outra característica notável capaz de infletir o curso de uma vida: uma cicatriz no rosto, um pé disforme, um ciciar, uma enxaqueca crônica, uma estatura pequena ou ainda um nariz desproporcional. Todas essas particularidades físicas tornam-se significantes quando são tão intensamente representativas do sujeito – a seus olhos e aos olhos dos outros – que condicionam sua realidade afetiva, sexual ou profissional. Esta é a particularidade que vale para o todo, é o pé descomunal de Berta, mãe de Carlos Magno, que se torna sua verdadeira identidade. Pouco importa que a desafortunada Berta tenha sido filha do conde de Laon, a esposa de Pepino o Breve ou ainda a mãe de um imperador, ela ficará na história como aquela que existiu mais por seu pé que por seu ser. O "pé grande" ocupou o lugar do próprio sujeito. Não escolhemos o que somos; somos o que nossos significantes corporais querem que sejamos; somos alienados em relação a uma característica marcante de nosso físico e nada podemos fazer quanto a isso! Nada podemos fazer a não ser amar ou amaldiçoar o destino que a dita característica nos impõe. Eu lhes disse ainda há pouco, ser livre não é em absoluto fazer o que se quer, mas amar ou não amar o que se impõe a nós. Em suma, o corpo significante é a singularidade corporal que determina, direta ou indiretamente, o curso de nossa existência. Mas, então, qual seria a imagem do corpo significante? Ela não é a imagem mental de uma sensação nem a imagem visível de uma silhueta, mas o *nome* que designa a parte significante do corpo. Sim, um nome. Assim, a imagem do corpo significante, ou melhor, a imagem da parte significante não é outra coisa que o nome que a nomeia, um nome tão significante quanto a anomalia por ele designada. Um lábio leporino, por exemplo, não seria significante, isto é, não infletiria o destino daquele que é afetado por ele se não fosse designado justamente com esses dois vocábulos, "lábio leporino" (*bec-de-lièvre*). A expressão "lábio leporino" e a fissura labial que a designa marcam profundamente a vida do sujeito.

★

Estamos agora em condições de agrupar os três estados do corpo fantasiado: o corpo *sentido*, *visto* e *significante*. O corpo *sentido* é o corpo real, seja ele sensível, desejante ou regozijante; o corpo *visto* é o corpo visível em sua forma global, refletido num espelho, projetado numa tela ou percebido em meu semelhante; e, finalmente, o corpo *significante* é o corpo simbolizado, ele próprio símbolo e, sobretudo, agente de mudanças na realidade do sujeito. A imagem do *corpo sentido* é uma imagem mental inconsciente (protoimagem) que pode ou permanecer *inconsciente*, ou tornar-se *consciente*, ou ainda exteriorizar-se num agir (*imagem-ação*). É uma imagem *esburacada* pela libido e tão *fragmentária* quanto o corpo crivado de sensações, desejos e gozo do qual ela é o duplo. A imagem do *corpo visto*, ou seja, a *imagem especular*, é a imagem de nossa silhueta; imagem tão esburacada pela libido quanto a imagem mental das sensações. Quanto à imagem do *corpo significante*, ela não é nem inconsciente, nem consciente, nem motora, mas *nominativa*, o nome sendo o duplo da particularidade física que singulariza determinado corpo.

Antes de prosseguir nossa investigação e concluí-la com o conceito de *eu*, convém assinalar que, por uma questão de clareza, não falarei mais da imagem do corpo significante.

De agora em diante me dedicarei a mostrar que as duas imagens corporais, a da cabeça e a do espelho, constituem a substância medular do *eu*, ainda que a imagem do corpo significante lhes seja necessariamente vinculada. Com efeito, postulei no início que o *eu*, embora submetido ao simbólico, era essencialmente a síntese das duas principais imagens corporais, mental e especular. Começaremos comparando os conceitos de *eu* em Freud e Lacan, em sua relação íntima com a imagem do corpo. Concluirei em seguida propondo-lhes minha própria visão do *eu*, mas agora nos reportemos à Figura 6 (p.102), que agrupa as três imagens do corpo que acabamos de estudar.

## O *eu* é a imagem mental do corpo que sinto

> Ao passo que, para Spinoza, "a alma é a ideia do corpo", para nós o eu é a imagem do corpo.

Tendo deduzido os três estados do corpo fantasiado e suas imagens respectivas, estamos agora mais bem preparados para abordar as teorias freudiana e lacaniana do *eu* e sugerir nossa hipótese segundo a qual o *eu* seria o equivalente da imagem do corpo. Acima de tudo, lembro a vocês que Freud nunca utilizou a expressão "imagem do corpo", embora tenha se servido implicitamente da ideia de imagem, concebida como um duplo, para definir uma das partes mais complexas do aparelho psíquico, a saber, o *eu*. Com efeito, dentre as numerosas definições freudianas do *eu*, há uma que identificaria o *eu* à imagem corporal, mais exatamente à que denominamos imagem mental de nossas sensações físicas, ou imagem do corpo real. Assim, o *eu* seria um *eu-imagem*. Ora, para explicar direito o que é o *eu-imagem*, preciso antes responder à pergunta mais geral: o que é o *eu*? Se listarmos as acepções desse termo espalhadas pela obra freudiana, distinguiremos três grandes categorias do *eu*. De um ponto de vista geral, o *eu* designa o si de um sujeito que é vivido como um indivíduo distinto dos outros (o que Lacan, como vimos, teria chamado de *Eu*); de um ponto de vista metapsicológico, o *eu* designa a superfície perceptiva do aparelho psíquico destinado a tratar as excitações provenientes do mundo exterior e aquelas, pulsionais, provenientes do isso; e, finalmente, do ponto de vista que nos interessa, o da imagem, o *eu* designa o duplo mental de todas as nossas sensações corporais vivas e pregnantes, principalmente aquelas que emanam da superfície do corpo: músculos, pele e mucosas porosas. Logo, o *eu* é o si-mesmo identitário, a fronteira filtrante do aparelho psíquico e, sobretudo, a imagem mental do corpo sentido. Instância identitária, instância perceptiva e instância imaginária, eis as grandes funções do *eu*. Naturalmente, é a instância imaginária que nos interessa agora, isto é, o *eu* enquanto imagem do corpo sentido, um *eu* que Freud designa como "*eu* corporal", corporal não porque é feito de carne, mas porque é feito da *representação* da carne. Ora, pergunto-lhes: que representação é essa senão uma imagem tal como a definimos, o duplo imperfeito de uma sensação interna? Proponho-lhes então admitir que o *eu* freudiano seria, antes de tudo, a imagem inconsciente ou consciente, não-figurativa, em mosaico e esburacada, de sensações corporais ou, para resumir, que *o eu é a imagem do corpo*. Ao escrever essa fórmula, não posso deixar de ouvir ressoar uma outra, muito próxima, igualmente curta e clara, oriunda da filosofia. Penso na definição spinozista da

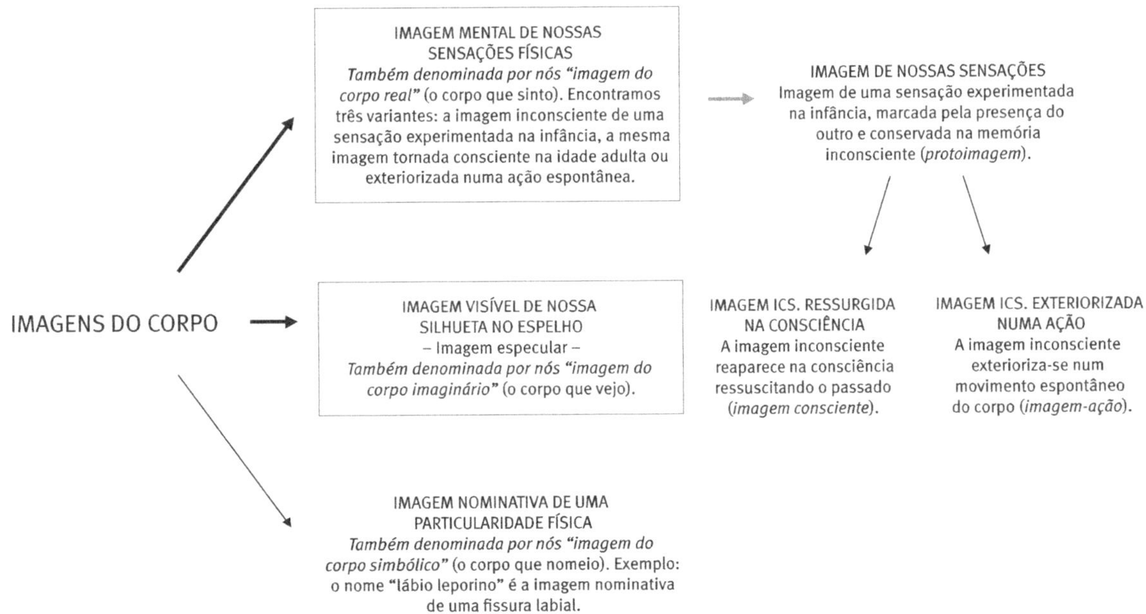


FIGURA 6

**Quantas imagens tem meu corpo? Principalmente duas (as que estão emolduradas): a imagem mental de nossas sensações físicas e a imagem visível de nossa silhueta no espelho (imagem especular)**

## Comentário à Figura 6

*Quantas imagens tem meu corpo*? Se pensarmos em nossa teoria e examinarmos o quadro acima, nosso corpo tem *duas imagens* principais (emolduradas); elas são as mais importantes, porque sua síntese é a própria substância do *eu*. Sentir minhas sensações e ver meu corpo se mexer no espelho me proporcionam o sentimento incomparável de ser eu mesmo. No fundo, o *eu* não passa de um sentimento, o sentimento de existir, o sentimento de ser você mesmo. Considero o *eu* uma entidade imaginária feita dessas duas imagens, a impressa na cabeça e a visível no espelho; uma entidade imaginária marcada por todas as nossas ignorâncias, erros e miragens que confundem a percepção que temos de nós mesmos. Assim, Lacan qualifica o *eu* de "lugar de desconhecimento". Sentir meu corpo viver e vê-lo em movimento proporciona-me a certeza imediata de ser eu mesmo. Certeza que, apesar de tudo, esconde minha ignorância acerca de quem sou e de onde venho. O *eu* é tanto a certeza de ser um si quanto a ignorância do que se é: eu sinto que existo mas não sei quem sou. Definitivamente, as imagens mentais que forjamos de nosso corpo são imagens deformadas que falseiam a percepção de nós mesmos. Acrescentemos que esse lugar de desconhecimento que é o *eu*, síntese das duas principais imagens do corpo, permanece necessariamente dependente do poder simbólico da terceira imagem, a imagem nominativa. Em suma, o *eu*, sensação de ser um si, é uma instância imaginária, dependente do simbólico e esburacada pela libido que vivifica (ver também Figura 4, p.93).

alma. O que é a alma?, perguntava-se Spinoza na *Ética*. "A alma", dizia ele, "é a ideia do corpo." Ora, se, de nossa parte, nos perguntarmos o que é o *eu*, responderemos: o eu é a ideia do corpo, ou melhor, o *eu* é a imagem do corpo. A *alma* é, para Spinoza, o que o *eu* é para Freud.

Nesse ponto, ocorre-me uma alegoria para ilustrar a hipótese freudiana de um *eu* concebido como o espelho mental de todas as nossas sensações corporais. Imagino o *eu* como uma abóbada refletindo uma infinidade de imagens de múltiplas formas e cores que mudam, combinam-se e superpõem-se incessantemente em nossa cabeça. Toda a vida corporal reflete-se nela: nossas sensações, nossos desejos, nossas tensões, gestos e posturas. Supondo que levantássemos os olhos para esse teto pululante de vida fugaz, o que veríamos? Gripado, tusso e vejo subitamente desenhar-se no topo a imagem fluida de um aperto no meu peito; sempre no topo, um pouco mais distante, percebo o tocar voluptuoso de minha mão que roça a pele da amada; ao lado, se sou uma mulher, vejo refletida a impressão desagradável que tive esta manhã, me maquiando, ao surpreender uma nova ruga no canto do olho. Pronto, é isto o *eu*. O *eu* freudiano é o afresco mental de tudo o que sinto vindo de meu corpo. Assim, minha identidade seria a síntese que reúne todas as minhas representações sensíveis, afetivas e simbólicas, de ontem e de hoje. Devemos igualmente reconhecer nas figuras imprecisas de nossa cúpula caleidoscópica duas dimensões suplementares, o tempo e o outro. Pois meu *eu*, verdadeiro palimpsesto da memória afetiva, modelou-se em diferentes momentos de minha história e no cadinho de minhas relações com os outros. Então, nossa alegoria se complica, pois seria preciso supor uma abóbada estratificada em diversas camadas de imagens transparentes superpostas, algumas adormecidas e inconscientes, outras emergindo à luz da consciência. Quando, por exemplo, a jovem mulher descobre uma nova ruga, ela pensa subitamente no rosto envelhecido de sua mãe quando, bebezinha, contemplava-a maquiando-se sábado à noite antes de sair. Em suma, o *eu* freudiano seria esse teto mágico cintilando uma profusão infinita de impressões sensíveis.

## O *eu* é a fusão da imagem mental do corpo que sinto e da imagem especular do corpo que vejo

Vamos agora a Lacan tal como eu o interpreto. O que ele traz de novo ao conceito do *eu*? Ainda segundo minha leitura, Lacan também assimila o *eu* à imagem de nossas sensações internas, mas introduz um elemento decisivo que renovará inteiramente a abordagem freudiana do *eu* e da imagem corporal, isto é, a visão-massa do corpo refletido no espelho. Assim, Lacan distinguiria duas imagens corporais conjugadas: uma imagem inconsciente, não-figurativa, em mosaico e esburacada, que já está presente em Freud numa acepção mais restritiva, enquanto imagem das sensações apenas; e uma imagem visível no espelho, representando o corpo em sua forma global e igualmente esburacada, a chamada imagem especular. Assim, para Lacan, o *eu* seria a síntese dessas duas imagens. Se eu quisesse resumir o essencial do conceito lacaniano de *eu* tal como o revisito, comparando-o a seu homólogo freudiano, eu faria Lacan falar e ele nos diria: "O sr. Freud postulou que o *eu* era a imagem psíquica das sensações internas e externas. Concordo com isso, ao mesmo tempo lembrando que essa imagem interior não é uma imagem homogênea, mas um conglomerado de diversas pequenas imagens, cada uma refletindo vagamente a impressão pregnante de uma sensação ou de uma tensão interna (desejos e gozo), bem como o fragmento do corpo do qual ela emana. Ademais, considero que Freud desconheceu a existência da imagem especular e seu papel de modelo não apenas na formação do *eu* imaginário, mas sobretudo na formação do *Eu* simbólico. Em minha conferência sobre o estádio do espelho, externei a ideia de que o impacto provocado num bebê de seis meses pela descoberta no espelho de sua silhueta humana pré-forma seu *eu* imaginário e antecipa seu *Eu* simbólico. O primeiro *eu* de um bebê é sentir-se intuitivamente na pele daquela figura móvel do espelho; e seu primeiro *Eu* é ver que aquela figura, pululante de vida, destaca-se das outras formas, humanas ou não, que se refletem em torno dele."

## O *eu* é um *eu-extensão*: ele está tanto na nossa cabeça quanto nos seres que amamos, ele está em nós e fora de nós

> É possível que a espacialidade seja a projeção da extensão do aparelho psíquico. A psique é a extensão, nada sabe acerca disso.
>
> Linhas escritas por Freud poucos dias antes de morrer.

Agora, preciso concluir. Vocês compreenderam que o problema da imagem corporal do qual tratamos neste capítulo é, de fato, o problema do *eu* e do corpo. Para Freud, como dissemos, o *eu* é a imagem do corpo das sensações; e agora, com nossa interpretação de Lacan, o *eu* freudiano se enriquece, uma vez que a imagem interior das sensações que o definem expande-se nas outras tendências que são o desejo e o gozo. Assim, não diremos mais que o *eu* é unicamente a imagem mental das sensações, mas também dos desejos e do gozo. Além disso, o *eu* freudiano ganha volume e se expande, uma vez que se duplica com uma imagem corporal exterior e visível, a imagem especular. Assim, diremos que *o* eu *existe em nós, mas também fora de nós, no espelho e no nosso semelhante, vibrando tanto dentro quanto fora.** Quando afirmamos que o *eu* existe dentro, nós o identificamos com a imagem de nossas sensações internas, com a imagem de um corpo sensível, desejante e gozoso; e quando afirmamos que o *eu* existe fora, nós o identificamos com a imagem especular, refletida numa superfície ou sugerida pela silhueta de outrem. Por conseguinte, meu *eu* não está apenas em mim, também está implantado naqueles que amo ou odeio, naqueles que são importantes para mim e de quem dependo. Para resumir, o *eu* freudiano seria a imagem do corpo de sensações, enquanto o *eu* lacaniano seria a síntese de duas imagens corporais: a imagem não-figurativa de um corpo fragmentado de sensações, desejos e gozo; e a imagem especular do corpo inteiro.

É possível agora admitir que o substrato de nosso *eu* é feito de uma profusão de imagens corporais internas e externas, impressas ao longo de toda a nossa existência, justapostas, superpostas e tão bem imbricadas que não saberemos dizer onde começa uma e onde termina a outra. Eis por que deveríamos corrigir nosso desenho da Figura 4, bem como nossa alegoria da abóbada psíquica que sugere que a imagem cor-

* Fica claro aqui como nossa concepção de um *eu-extensão*, para além do indivíduo, é o oposto da noção de *eu-pele*, limitado ao indivíduo, proposta por Didier-Anzieu.

poral acha-se confinada numa cabeça. Pois bem, não! Agora, devo dissipar definitivamente o preconceito segundo o qual o psiquismo está confinado dentro de um único indivíduo e pedir-lhes que imaginem a imagem do corpo como um tecido fino, amplo e transparente, quase invisível, flutuando no interstício de uma relação de amor, de ódio, de desejo ou de angústia. Assim, seria preciso tirar todas as consequências dessa abordagem espacial do psiquismo e concluir que o *eu*, equivalente à imagem corporal, flutua também no entre-dois e se desdobra além das fronteiras de nosso corpo, além mesmo do espaço que ocupamos. Na verdade, nosso *eu* é um *eu-extensão*; está tanto em nossa cabeça quanto nos seres que amamos, está em nós e fora de nós, dentro da pessoa, animal ou objeto aos quais somos profundamente ligados. Assim, direi, para terminar, que o território do nosso *eu* estende-se tão longe que existe uma coisa suscetível de nos tocar e fazer agir. Meu *eu* está em toda parte, até mesmo entre as estrelas quando seu brilho me fascina e inspira no silêncio da noite.

## Respostas às perguntas sobre o corpo e suas imagens*

❑ *Por que o senhor diz que a imagem do corpo é inconsciente?*

Em primeiro lugar, lembro que uma imagem é o resultado de uma correspondência pontual, de uma bijeção, como dizem os matemáticos, entre dois objetos pertencentes a dois espaços

* As perguntas às quais respondo foram redigidas a partir das diversas entrevistas e perguntas formuladas pelos ouvintes que assistiram às palestras que fiz sobre o tema da imagem do corpo.

distintos. A imagem do corpo seria, então, o duplo virtual desse objeto real que é o nosso corpo. Dado que nosso corpo é uma fonte permanente de excitações, imprime-se em nosso psiquismo uma multiplicidade de duplos virtuais, cada um sendo a cópia de uma impressão sensorial. Você vê que a imagem do corpo não pode ser única e homogênea, mas composta de uma infinidade de duplos psíquicos que reproduzem as diferentes emanações sensíveis provenientes da superfície e do interior de nosso corpo. Até então, permanecemos numa definição lógica e, de certa forma, restritiva da imagem do corpo. Ora, o problema começa a partir do momento em que devemos constatar que a imagem do corpo não é impressa apenas pelas numerosas impressões sensíveis, mas também pela profusão de sensações físicas das quais nem sempre temos consciência. Falo frequentemente das sensações vivas e pregnantes que se imprimem no psiquismo, mas convém saber que essa pregnância não é obrigatoriamente consciente. Posso sentir uma emoção de maneira tão perturbadora que não a perceba. Assim como um som excessivamente agudo não é perceptível ao ouvido, a emoção excessivamente aguda não é mais perceptível à consciência. Isso torna possível falar de emoções inconscientes ou inconscientemente percebidas. Assim, direi que a imagem do corpo é inconsciente porque resulta do impacto das percepções não-conscientes dos movimentos internos do corpo. Entretanto, há outra razão que me leva a qualificar a imagem de inconsciente: seu poder de criar efeitos no real e, em particular, efeitos no corpo do qual ela é o reflexo. A imagem do corpo não apenas estrutura nossas emoções e participa de nossas fantasias, sonhos, sintomas, como determina nossas decisões e atos. Empregando o vocabulário lacaniano, diremos que o poder de nos fazer agir confere à imagem seu status de significante. Eis por que, se você considerar a imagem como um reflexo, como um duplo virtual, ela é um elemento *imaginário*; mas se a considerar como o estopim de uma decisão, um ato ou mesmo um distúrbio somático, ela se torna um elemento *significante*. Não se iluda, somos constantemente influenciados por nossas imagens inconscientes do corpo, imagens que ditam nossas escolhas afetivas e determinam nossos comportamentos.

Eis a minha resposta à sua pergunta, mas gostaria de acrescentar outras características da imagem do corpo. Ela não apenas é inconsciente como se verifica igualmente evolutiva, porque se constrói, desenvolve e regenera ao longo da vida. Imagem infinitamente viva, decerto permanente, mas incessantemente renovada, ela nunca se dá de imediato e como um todo. Portanto, a primeira característica de nossa imagem é ser *inconsciente*; a segunda, ser *evolutiva*; e a terceira, ser *eficaz*, pois, como acabo de lhe dizer, ela induz efeitos precisos na realidade e, em especial, no corpo do qual é imagem. Isso é essencial. A esse propósito, gostaria de enfatizar um aspecto muito importante. Concordamos em afirmar que a imagem não é simplesmente o duplo virtual de um objeto real, mas, sobretudo, um elemento significante que transforma o objeto real do qual ela é a réplica. Ora, um dos exemplos mais eloquentes da maneira como uma imagem pode agir e modificar o corpo orgânico é fornecido por certos comportamentos animais em resposta ao estímulo de uma imagem especular. Lacan baseou-se bastante nos experimentos etológicos que demonstram a ação morfogênica das imagens especulares. Penso especialmente no caso da fêmea do pombo, para a qual basta a visão de sua própria imagem no espelho para desencadear uma ovulação, ao passo que a ausência dessa imagem ou a ausência da visão de um congênere torna a pomba estéril. Ora, nossas imagens mentais exercem uma ação sobre nosso corpo tão poderosa quanto a da imagem especular sobre o aparelho reprodutor da pomba. Deixemos bem claro. Nossas imagens tanto especulares quanto mentais estimulam o crescimento de nosso corpo, fazem-no amadurecer mais e algumas vezes deixam-no doente. É muito interessante pensar na força significante de uma imagem, não apenas para compreender os fenômenos mais comuns, como a ereção desencadeada por uma simples fantasia erótica, mas também para compreender distúrbios psicossomáticos importantes. Creio efetivamente que a hipótese de atribuir a causa das afecções psicossomáticas à ação morfogênica de uma imagem é uma proposição teórica fecunda que esclarece frequentemente nosso trabalho com pacientes vítimas de distúrbios somáticos crônicos. Em suma, a imagem do corpo não é simplesmente uma representação consciente do corpo, mas também uma instância inconsciente, evolutiva e, sobretudo, geradora de modificações no corpo.

Ora, uma quarta característica de nossa imagem inconsciente, evolutiva e eficaz é ser uma formação psíquica alimentada e animada pela libido. Com efeito, esta é uma imagem tão frequentemente carregada de libido, tão dependente da energia libidinal, que não hesitarei em sugerir a seguinte máxima: onde não há libido, não há imagem; e, vice-versa, a libido só é capaz de se deslocar sobre a superfície lisa de uma imagem. A imagem tem necessidade da libido para existir, e a libido tem necessidade da imagem para circular. Tanto Freud quanto Lacan enfatizaram a necessidade das imagens para veicular a libido no psiquismo. A esse respeito lemos nos *Escritos* uma fórmula bombástica para designar o papel condutor da imagem: "... a imagem especular", escreve Lacan, "é o canal percorrido pela transfusão da libido do corpo em direção ao objeto" – teríamos especificado "ao amado", uma vez que o amado é o paradigma de todo objeto. Logo, afirmaremos hoje: a imagem especular é o canal percorrido pela libido de nosso corpo em direção ao amado e, de volta, do amado para o nosso corpo.

❑ *O senhor está dizendo que não existe excitação sexual sem imagem?*

Precisamente. Não existe excitação sexual sem imagem, mas a excitação sexual, por sua vez, não tem imagem. Explico-me. Em primeiro lugar, é preciso saber que a correspondência entre o corpo real e sua imagem nunca é perfeita. A imagem não é a reprodução exata e fiel do corpo real, mas sua réplica localmente defeituosa. A psique não reflete senão de modo incompleto o corpo pela simples razão de que em certos lugares – penso nas zonas erógenas – este é particularmente sobrecarregado de libido. Ora, essas zonas apresentam-se sucessivamente na imagem como uma mancha opaca localizada justamente no lugar onde o corpo é uma fonte de prazer. A imagem é então esburacada ali onde, no corpo, a libido fervilha. E onde a libido fervilha? No pênis, na vagina, na boca, no nariz, nos olhos, nos ouvidos, na pele, nos mamilos, no ânus, em suma, em todas as regiões excitáveis do corpo. Ora, todas essas zonas erógenas podem se reduzir, teoricamente, a um único núcleo incandescente de libido que se reflete na imagem como um não-reflexo, como um lugar sem imagem. Essa sombra chama-se, na teoria lacaniana, "falo", ou, mais exatamente, "falo imaginário", ou até mesmo "objeto fálico". Compreendemos agora que a expressão "falo imaginário" designa precisamente essa mancha opaca na imagem, essa ausência de reflexo. Eis por que Lacan escreve "-φ" para simbolizar que o falo (φ) é um menos (-) na imagem, uma ausência na imagem. Entretanto, também podemos conceber que essa mancha opaca seja, ao contrário, de tal forma luminosa que se torne ofuscante. Em suma, ao núcleo incandescente de libido no corpo real corresponde um buraco opaco ou enceguecedor na imagem. Acrescentemos que essa particularidade da imagem corporal de ser maculada por uma mancha escura ou ofuscante explica a dinâmica e a consistência interna da imagem. Que quero dizer com isso? Que é preciso imaginar essa mancha em três dimensões e pensá-la como um buraco, e o buraco como um vazio aspirante que, por um efeito de atração centrípeta, mantém unidos os diversos elementos da imagem. A mancha, ou melhor, o buraco na imagem, isto é, o falo imaginário, é verdadeiramente o pólo organizador da estrutura interna da imagem, ao mesmo tempo em que a fonte energética que lhe dá vida.

Última característica importante é que essa imagem que qualificamos de *inconsciente*, *evolutiva*, *eficaz*, *libidinal* e *esburacada pelo falo imaginário*, essa imagem deve ser representada não como o reflexo de um corpo inteiro, de um corpo como aquele que nosso espelho nos devolve habitualmente, mas como uma imagem eminentemente *compósita*, construída à maneira de uma fantasia de arlequim com cada losango representando uma parte do corpo. Devemos conceber a imagem do corpo não como um único suporte refletindo um único corpo, mas composta por uma multiplicidade de fragmentos corporais: uma orelha isolada, um dedo do pé, o contorno de um cotovelo, um gesto etc. Se a imagem for sonora, outros fragmentos a estruturam: o timbre de uma voz, a estridência de um grito etc.; se for olfativa, um cheiro impregnando uma roupa, por exemplo. Em suma, devemos compreender que a imagem do corpo é fundamentalmente uma imagem compósita, tecida por microimagens parciais.

Agora, para lhe responder satisfatoriamente, devo acrescentar uma última observação. Acabo de lhe dizer que a imagem do corpo é o duplo inconsciente do corpo real; até aqui, tudo parece claro. A dificuldade aparece quando se coloca a questão de saber como percebemos nosso corpo real e, por conseguinte, como formamos nossas imagens parciais inconscientes do corpo. Numa primeira abordagem, responderei que percebo o corpo real com meus olhos, com a polpa dos meus dedos, ou mesmo que sinto interiormente sensações diversas, sobretudo sensações viscerais, musculares, articulares, ósseas, ou sensações internas não específicas. Posso dizer também que me sinto pesado, com fome, tenso ou cansado etc. Em suma, percebo e vivo meu corpo a cada instante, a ponto de identificar o sentimento de estar vivo à sensação de ter um corpo vivo. Naturalmente, e o dissemos no início de nossa conversa, essas percepções sensíveis operam em ressonância com as percepções inconscientes. Mas quer se trate de percepções conscientes ou inconscientes, a percepção ininterrupta das sensações emanando do meu corpo não institui imediatamente e de uma só tacada a imagem inconsciente do corpo. Não, a percepção de meu corpo não apenas produz imagens sempre fragmentárias e sempre renovadas no tempo como permanece, acima de tudo, uma percepção indireta do corpo real. Em outros termos, a percepção que tenho de meu corpo é sempre impura, mil vezes filtrada e peneirada pelas fantasias infantis e inconscientes que me governam.

❑ *Como se a imagem do corpo que interiorizamos não cessasse nunca de se construir e permanecesse sempre em estado de esboço?*

Exatamente! Fui obrigado, por um artifício explicativo, a deixá-lo acreditar que a imagem do corpo se formava como um traço impresso na cera, como uma marca psíquica deixada pelas percepções conscientes e inconscientes do corpo real. Tive que começar minha explicação como se a imagem se instituísse de uma tacada, enquanto ela se constrói, efetivamente, desde a vida fetal. Talvez você me pergunte: "Mas como é possível que ela já esteja lá, na vida intrauterina?" Pura e simplesmente porque há o Outro, quero dizer, a mãe. Essa imagem produzida pela percepção de meu corpo, imagem *inconsciente*, *evolutiva*, *eficaz*, *libidinal*, *esburacada pelo falo* e *compósita*, pois bem, essa imagem só existe com a condição de que esse corpo percebido seja habitado pela presença do Outro, que ele vibre no seio da relação linguageira, fantasística e afetiva com a mãe. Insisto. Nossos sentidos percebem nosso corpo, decerto, mas nunca o corpo em sua natureza real, uma vez que ele é percebido através de uma profusão de condições: será percebido de acordo com o ângulo da luz, o ambiente sonoro e diversos outros parâmetros; percebido, sobretudo, como acabo de apontar, segundo o contexto de minha relação com o Outro. A percepção do nosso corpo produz então uma imagem refletida sobre a superfície do psiquismo; porém, uma vez formada, a imagem virá inevitavelmente filtrar e deformar as novas operações perceptivas. Neste instante, por exemplo, percebo meu corpo a partir de minha história e em função de nossa conversa. Forçosamente, percebo-o segundo o contexto de nosso diálogo, a maneira como olho para você ou sinto seu olhar, ou ainda de acordo com a luz e o som que atravessam o espaço deste escritório onde estamos. Mas vou percebê-lo, sobretudo, em função de minhas variações libidinais e dos vividos corporais experimentados ao longo de todo o dia que acaba de escoar. Em suma, como vê, são todos esses detalhes que classifico sob a denominação de laços afetivos e linguageiros com o Outro, laços que modelam e delineiam a imagem do corpo. É justamente essa importância da relação com o Outro que levou Françoise Dolto a definir a imagem inconsciente do corpo como um substrato relacional de linguagem.

Se vocês me acompanharam até aqui, chegamos à seguinte situação. Suponhamos que me perguntassem: "Bom, muito bem, compreendi o que era a imagem. Mas e agora, o corpo, o que é esse corpo real de que o senhor fala?" O problema é que nosso corpo é um corpo de tal forma investido na relação com o Outro e de tal forma percebido segundo nossa própria imagem dele, que o corpo real do qual a imagem é o duplo foge, escapa e permanece um enigma indecifrável. Se vocês insistissem: "Mas como o senhor definiria o corpo real?", eu responderia pura e simplesmente que o corpo real é o corpo que eu próprio, humano, nunca poderia apreender.

❑ *Se "corpo real" quer dizer corpo inapreensível, como o senhor compreende então as outras instâncias lacanianas do corpo: corpo imaginário e simbólico?*

Após definir o corpo real como inapreensível, eu diria pura e simplesmente que o corpo imaginário é não apenas a silhueta global do corpo – o corpo que vejo – mas também o corpo produtor de sentido. Explico-me. O corpo imaginário não é, por exemplo, o rosto que olho. Para que um rosto seja um corpo imaginário, é preciso ainda que seja atraído não pelo detalhe dos traços, mas pela expressão de todo o rosto e, até mesmo, pela presença do outro através de seu rosto. Então esse outro que descubro torna-se alguém para mim. Ele me perturba, me incita a pensar ou suscita minha palavra. Se porventura eu esbarro em alguém cuja aparência me deixa indiferente, concluo disso que esse corpo entrevisto não assume o status de corpo imaginário. Para que seja imaginário, insisto, é preciso que o aspecto do outro evoque lembranças ou desperte sentimentos em mim. Logo, eis a definição de corpo imaginário: denomino corpo imaginário todo aspecto do corpo que mobiliza aquele que o vê, remete-o a si mesmo, à sua própria história, faz com que ele viva sentimentos e o leva a gerar sentido. Seguindo outra acepção, já defini corpo imaginário como a silhueta do corpo visto no espelho (ver p.81).

Para concluir, vamos à definição de corpo simbólico. Se corpo imaginário é o corpo quando produz sentido, corpo simbólico é o conjunto dos nomes e metáforas que simbolizam diversos aspectos de nosso físico e, sobretudo, que têm o poder de produzir efeitos em nossa vida. Em outros termos, se o corpo imaginário é uma imagem que engendra sentido, o corpo simbólico é um significante que engendra efeitos concretos em nossa realidade.

❑ *Como situar a imagem do corpo na clínica?*

Ela se manifesta como um dito. Dolto lembra que a imagem do corpo apresenta-se como uma palavra a ser decodificada cuja chave o psicanalista não é o único a deter, uma vez que as associações do analisando também contribuem para isso. Concretamente, a imagem do corpo não se revela tal qual um desenho de criança, por exemplo. Se durante uma sessão uma criança desenha um boneco, não posso identificá-lo prontamente com a imagem do corpo. Se, em contrapartida, desenhando o boneco o pequeno paciente me diz "Este homem é um ladrão", pensarei imediatamente que sua fala, ao se referir a seu personagem como ladrão, põe em ato a imagem do corpo. Por quê? Tratando-se de um ladrão, é a imagem de um corpo que toma ou de um corpo que é tomado, de um corpo ladrão ou de um corpo vítima, em suma, é a imagem de uma ascendência que domina o inconsciente da criança. Você me perguntava como situar a imagem do corpo na clínica e eu lhe respondo: parto do que o paciente me diz, nesse caso, "Este homem é um ladrão"; identifico em sua fala o verbo que designa a ação principal: "tomar"; identifico a parte do corpo que intervém na ação: "a mão"; e me pergunto então qual é a pulsão que provoca a mencionada ação. Como pode ver, se a criança me fala de ladrão, penso primeiro em sua mão, em seguida imagino o gesto de tomar e guardar e, finalmente, encontro a pulsão dominante típica da fase anal, em que provavelmente a criança permanece enraizada. Logo, não basta observar um boneco desenhado numa folha de papel e concluir: "Eis a imagem do corpo!" Também é preciso que a criança fale ao desenhar ou, se pensarmos no analisando no divã, que este ponha palavras sobre suas emoções ou suas experiências; e sobretudo que essas palavras sejam entendidas por um analista que as escuta num laço de transferência e reconheça a marca do corpo nas diferentes produções do inconsciente.

❑ *Numa outra ordem de ideias, como o senhor distingue a imagem inconsciente do corpo e o esquema corporal?*

Recomendo ao leitor reportar-se à Figura 9, p.140.

Creio que, para o conjunto das práticas de escuta, é importante distinguir o *esquema corporal* e a *imagem inconsciente do corpo*. Justamente, o que é o esquema corporal? É uma representação mais ou menos consciente que o indivíduo tem de seu próprio corpo e que lhe serve de referência para se situar e deslocar no espaço. Paul Schilder, psicanalista vienense, introduziu esse termo em 1923, a reboque do neurologista inglês Henry Haed. Sob as denominações "modelo postural do corpo" ou "esquema corporal", Schilder descreve um saber singular que todo humano teria sobre a estática e a dinâmica de seu corpo no espaço. É um saber inato, mecânico, mais ou menos consciente, incessantemente ajustado e reajustado de acordo com as exigências da realidade e de uma massa de informações que, do corpo, chega ao cérebro e, do cérebro, volta ao corpo. O esquema corporal é, portanto, uma representação, mais exatamente uma autorrepresentação de nosso corpo em ação, um dispositivo neuropsicológico que recolhe e sintetiza uma multiplicidade de sutis sensações internas e regula automaticamente a inteligência motora do corpo no mundo dos objetos. As principais sensações que alimentam o esquema corporal são visuais, auditivas e cinestésicas, e ainda há as que informam ao cérebro o senso do equilíbrio ou ainda o estado do tônus muscular, articular e mesmo sanguíneo. Definimos então o esquema corporal como a representação pré-consciente que temos de nosso corpo quando este é *visto* em seus movimentos, *percebido* em seus deslocamentos, *sentido* em seu tônus, *ajustado* em seu equilíbrio, *avaliado* em suas densidades e limites e, para resumir, *situado* dinamicamente no espaço. Essa definição permite julgar a distância irredutível que separa nossos dois corpos: o corpo neurofisiológico do esquema corporal e o corpo desejante da imagem inconsciente do corpo.

Para formular sucintamente, vamos definir o esquema corporal como a representação pré-consciente espacial e funcional do organismo, enquanto a imagem do corpo é uma representação inconsciente que revela o corpo em sua qualidade de substrato relacional entre o sujeito e o Outro, substrato relacional de linguagem, afetividade e erogenidade. Seguindo essa ideia, se fôssemos atribuir à imagem do corpo um lugar preciso no espaço, se fôssemos localizá-la, precisaríamos situá-la entre duas presenças engajadas num laço de linguagem, ternura e desejo, como se a imagem do corpo fosse essa mesa que nos separa e nos liga. Fui obrigado até aqui, com fins didáticos, a induzi-lo a pensar que a imagem do corpo estava incluída no interior de um indivíduo. Devo agora retificar essa impressão e lhe dizer que, se eu fosse espacializá-la, situaria a imagem do corpo não mais no interior de um indivíduo, mas no intervalo do entre-dois de uma intensa relação afetiva.

❑ *Situar a imagem do corpo no espaço do entre-dois não é uma aplicação de sua teoria segundo a qual o inconsciente é uma instância única e intermediária entre o analista e seu paciente?*

Perfeitamente. Acontece o seguinte comigo. Quando abordo uma entidade tão importante como a imagem do corpo, e sabendo que essa entidade é inconsciente, é para mim um reflexo teórico instalá-la imediatamente na relação entre o sujeito e o Outro. Você sabe, a teoria não é simplesmente um saber que adquirimos, é, sobretudo, um saber que toma corpo. À medida que você estuda, reflete e põe à prova os conceitos de sua prática, eles se fazem carne e, pouco a pouco, se instalam em você sob a forma de automatismos do pensamento. Você então adquire uma flexibilidade mental que transforma conceitos extremamente complexos em noções simples, adaptadas às mais diversas situações clínicas. Por exemplo, eu falo com você acerca da imagem inconsciente do corpo e, quase simultaneamente, ocorre-me com toda a naturalidade a ideia de localizá-la entre o sujeito e o Outro como uma das variantes dessa instância intermediária entre o analista e seu paciente que é o inconsciente único.

❑ *Para terminar, poderia reunir as diferentes instâncias do corpo?*

Responderei com o seguinte quadro:

## O que é um corpo?

- O corpo é um organismo vivo, reprodutor e perecível. É o corpo biológico.
- O corpo é uma força que se dirige para os seres e as coisas que proporcionam seu desenvolvimento, mas também uma força opondo-se aos seres e às coisas que entravam seu desenvolvimento. O corpo são as pulsões de vida que nos ligam ao mundo, bem como as pulsões de morte que nos separam de tudo que ameaça nossa integridade; os dois grupos de pulsões, de vida e de morte, trabalham a serviço da vida. É o corpo pulsional que denominamos *corpo real* ou *corpo sentido*.
- O corpo é uma forma, uma silhueta, o protótipo universal de todos os objetos criados pelo homem. Nós o denominamos *corpo imaginário* ou *corpo visto*.
- O corpo, mais particularmente o rosto, é o símbolo do inconsciente, sua vitrine. Nós o denominamos *corpo simbólico* ou *corpo significante*.
- Seja organismo, força, forma ou símbolo, o corpo continua sendo o indispensável substrato de todo sentimento de si.

# 3. Dolto e Lacan, uma mesma paixão pelo corpo e suas imagens

• Três diferenças essenciais entre o "estádio do espelho" de Lacan e o "espelho do narcisismo primário" de Dolto

• Quadro comparativo entre a imagem inconsciente do corpo concebida por Dolto e a imagem especular concebida por Lacan

• O impacto do espelho sobre a criança: quadro comparativo entre Dolto e Lacan

## Três diferenças essenciais entre o "estádio do espelho" de Lacan e o "espelho do narcisismo primário" de Dolto

As páginas que se seguem são um excerto de minha intervenção num debate* com Françoise Dolto realizado por ocasião da publicação de seu livro *A imagem inconsciente do corpo.*

J.-D. N.: Eu gostaria agora que abordássemos esse capítulo tão importante de seu livro dedicado ao espelho. Nele você desenvolve uma concepção profundamente original da função do espelho na constituição da imagem inconsciente do corpo. À guisa de abertura, e se o permitir, gostaria de apresentar a seus ouvintes a transcrição de uma conversa viva sobre um de seus primeiros trabalhos, "Tratamento psicanalítico com a ajuda da boneca-flor".** O tema do espelho está no cerne desse debate, realizado na Sociedade Psicanalítica de Paris em 18 de outubro de 1949, com a participação de eminentes especialistas, como Lacan, Nacht, Lebovici, Held, Blajan-Marcus

* Essa intervenção acha-se publicada em *A criança do espelho*, Rio de Janeiro, Zahar, 2007, p.33.

** O relatório desse debate foi publicado na *Revue Française de Psychanalyse* 4, out-dez 1949, Paris, PUF, p.566-8.

e… a sra. Françoise Dolto-Marette. Para registro, esclareço que Lacan tinha então 48 anos e Dolto, 41. Nesse debate, todos os participantes solicitavam de você, Françoise, uma resposta. Eis o relatório da participação de Lacan citado *in extenso*: "O doutor Lacan considera que a 'boneca-flor' da sra. Dolto integra-se em suas pesquisas pessoais sobre o estádio do espelho, a imagem do corpo-próprio e o corpo despedaçado. Ele acha significativo a boneca-flor não ter boca e, depois de observar que ela é um símbolo sexual e que mascara o rosto humano, termina dizendo que espera um dia fazer um comentário teórico à contribuição da sra. Dolto." E eis agora sua resposta, dirigida a Lacan: "Sim, a 'boneca-flor' integra-se às reações do estádio do espelho, desde que entendamos a ideia do espelho como um objeto de reflexão não apenas do visível, mas também do audível, do sensível e do intencional. A boneca não tem rosto, mãos ou pés, nem frente, nem costas, articulação ou pescoço." Tenho certeza de que todos vocês, e você, Françoise, em particular, são sensíveis não apenas ao valor histórico e conceitual desse documento, não apenas à riqueza dessas propostas, mas também à distância que separa o espelho do estádio do espelho de Lacan e o espelho de Dolto, constitutivo do narcisismo primário.

Já nessa época, sua singular concepção do espelho como superfície psíquica onirrefletidora de toda forma sensível, e não exclusivamente visível, distinguia-se da teoria lacaniana, que atribuía valor decisivo ao espelho plano-especular do estádio do espelho. Se bem compreendo seu pensamento, o que era importante em 1949 e continua a sê-lo nos dias de hoje não é o caráter especular do espelho nem a imagem escópica que nele se reflete, mas a função relacional exercida por um espelho bem diferente e de outra natureza: o espelho psíquico que reflete a presença do outro em nós. Numa distinção muito esquemática, vejo três diferenças essenciais entre o "estádio do espelho" de Lacan e, se me permite a expressão, "o espelho do narcisismo primário" de Dolto. A primeira diferença refere-se ao caráter de *superfície plana* e visualmente refletidora do espelho concreto em Lacan, em oposição ao caráter de *superfície psíquica* onirrefletidora de toda forma sensível do espelho em Dolto. Naturalmente, você também fala do espelho plano, mas para logo relativizá-lo como um instrumento, entre outros, que contribui para individualizar o corpo em geral, o rosto, a diferença dos sexos, em resumo, a imagem inconsciente do corpo da criança. Isso mostra o quanto, em sua teoria, a imagem refletida do espelho não passa de um estímulo, entre outros estímulos sensíveis, na modelagem da imagem inconsciente do corpo.

A segunda diferença, mais essencial, diz respeito à relação do corpo real da criança e sua imagem devolvida pelo espelho. Sabemos que, na teoria de Lacan, a imagem do "estádio do espelho", a imagem especular, antecipa, no nível imaginário, o futuro *Eu* simbólico da criança, e que essa imagem é, acima de tudo, uma miragem de completude face ao real dispersado e imaturo do corpo infantil. Assim, o estádio do espelho de Lacan é uma experiência fundadora de identidade. A tese defendida em seu livro *A imagem inconsciente do corpo* aborda o problema de forma diferente. Em primeiro lugar, o corpo da criança que se acha diante do espelho não é vivido pela criança como um real disperso nem despedaçado, mas como um real coeso e contínuo. Em lugar de opor, como faz a teoria lacaniana, um corpo despedaçado a uma imagem especular globalizante, ou, se preferir, um real a uma imagem, você opõe duas imagens diferentes e complementares: a imagem especular e a imagem inconsciente do corpo. Em outros termos, você desloca a contradição constitutiva do estádio do espelho em Lacan. Para este, a questão vai se resolver em uma confrontação do *corpo real* com a *imagem especular*; para você, em contrapartida, uma vez que o corpo real já é um *continuum*, a confrontação se dá entre *duas imagens*: de um lado, a imagem inconsciente do corpo; de outro, a imagem do espelho que modela e individualiza a primeira. Se vocês admitirem essas distinções teóricas que proponho, concluiremos então que o estádio do espelho em Lacan marca um começo (nascimento do *Eu* e pré-formação do *eu*); já o espelho de Dolto consolida uma individuação narcísica primária encetada bem antes do nascimento.

A terceira e última diferença refere-se à emoção que resulta do impacto da imagem do espelho sobre a criança (ver Figura 8). Lacan designa esse impacto como *jubilação*, ao passo que Dolto vê nela a *dor* de uma castração. O primeiro concebe a jubilação como a manifestação alegre que assinala a assunção da autoimagem por parte do bebê. Françoise Dolto, ao contrário, vê na castração a dolorosa constatação feita por uma criança de três anos da distância que a separa da imagem. Fica decepcionada ao descobrir que ela não é sua imagem e que sua imagem não é ela. Justamente, na perspectiva de Dolto, o narcisismo primário é reforçado pela difícil prova enfrentada pela criança de aceitar que não é a imagem refletida que o espelho lhe devolve, que ela e sua imagem são duas realidades distintas.

Em suma, a distância entre as posições lacaniana e doltoniana pode se resumir a uma diferença na maneira de conceber a natureza do espelho (espelho plano em Lacan; espelho psíquico em Dolto); uma outra diferença na escolha dos pólos opostos da experiência especular (corpo real/imagem especular em Lacan; imagem inconsciente do corpo/imagem especular em Dolto); e uma terceira diferença, enfim, na maneira de considerar o impacto do espelho sobre a criança (jubilação do bebê em Lacan/dor da criancinha em Dolto). Sabendo o lugar que o livro de Dolto atribui ao espelho, impunha-se, naturalmente, uma confrontação com a teoria lacaniana do estádio do espelho.

F. Dolto: Agradeço-lhe profundamente por essa evocação de meus primeiros passos e por ter conseguido reunir de forma tão clara as numerosas questões de um problema difícil, o do espelho. ...

| IMAGEM INCONSCIENTE DO CORPO, DE DOLTO | IMAGEM ESPECULAR, DE LACAN |
|---|---|
| • A imagem inconsciente do corpo é uma imagem mental que não se reflete no espelho.<br><br>• A imagem inconsciente do corpo é uma representação psíquica.<br><br>• As fontes da imagem inconsciente do corpo são as múltiplas sensações proprioceptivas, interoceptivas e erógenas.<br><br>• A imagem inconsciente do corpo é uma imagem multissensorial e polimorfa.<br><br>• A imagem inconsciente do corpo começa a se formar durante o período intrauterino e termina sua maturação por volta dos três anos.<br><br>• Primado da imagem inconsciente do corpo até três anos, depois recalcamento em prol da imagem especular.<br><br>• Desde a vida intrauterina até a idade de três anos, a imagem inconsciente do corpo assenta as bases do sentimento de si. Em seguida, já recalcada, a imagem inconsciente do corpo é suscetível de modificar o curso dos fatos marcantes de nossa existência. | • A imagem especular é uma imagem exterior refletida no espelho.<br><br>• A imagem especular é o reflexo no espelho da silhueta de nosso corpo.<br><br>• A fonte da imagem especular é a aparência de nosso corpo.<br><br>• A imagem especular é uma imagem visual e monomórfica.<br><br>• A criança descobre sua imagem especular entre seis e 18 meses e a redescobre por volta dos três anos.<br><br>• Primado da imagem especular desde sua descoberta e durante toda a vida.<br><br>• A imagem especular contribui muito cedo para a formação do *Eu* simbólico e do *eu* imaginário.<br><br>• A imagem especular mostra à criança que ela tem uma forma humana, fazendo-a sentir que ela é uma entidade distinta e acreditar que é uma unidade. |

FIGURA 7

**Quadro comparativo entre a imagem inconsciente do corpo concebida por Dolto e a imagem especular concebida por Lacan**

| | DOLTO | LACAN |
|---|---|---|
| **Unidade do *eu*** | A criança adquire a unidade de seu *eu* graças ao *desejo* que *sente*. | A criança adquire a unidade de seu *eu* graças à *imagem* que *vê*. |
| **Afirmação do *Eu*** | Dolto não distingue entre *Eu* e *eu*: para ela, há apenas o *eu*, ou o *si*. Portanto, a unidade do *eu* vem do *interior*, das sensações internas de desejo e de trocas afetivas e eróticas com o outro. | A formação do *Eu* vem do *exterior*, do impacto visual produzido no bebê pela descoberta da imagem especular de seu corpo. |
| **Sujeito / Objeto** | *Para Dolto, o espelho é desestruturador*; ela considera que a fascinação da criança por sua imagem a transforma num *objeto* entre outros objetos. | *Para Lacan, o espelho é estruturador*; ele considera que o espelho é um notável agente formador da identidade precoce da criança. A imagem especular ajuda-a a se tornar *sujeito*, uma vez que lhe fornece a matriz de seu *Eu* simbólico e de seu *eu* imaginário. |

FIGURA 8

**O impacto do espelho sobre a criança: quadro comparativo entre Dolto e Lacan.**
**Vemos que Dolto teme os efeitos desestruturantes do espelho, enquanto Lacan enaltece seus efeitos estruturantes**

# 4. Arquipélago do corpo e suas imagens

• O papel das castrações na formação
da imagem inconsciente do corpo

• Patologia da imagem inconsciente do corpo

• O esquema corporal não é a imagem inconsciente
do corpo (Quadro comparativo)

• Nada sentimos sem representar mentalmente o que sentimos

• Sou o criado de dois senhores: meu corpo e meu inconsciente

• Um exemplo de *imagem-ação*: a mãozorra
desenhada pelas crianças espancadas

• Percebo o outro na minha imagem
e percebo minha imagem no outro

• O rosto do outro é para mim um espelho vivo
e uma presença que me penetra

• O olhar dos outros na construção da imagem de si

• O estádio do espelho: as *ilusões* da criança diante
de sua imagem estão em contradição com a *realidade* de
suas sensações corporais (Quadro comparativo)

## O papel das castrações na formação da imagem inconsciente do corpo

> Sim, precisamos de prazer, mas não é o prazer, é o sofrimento que nos molda.
>
> Françoise Dolto

As diferentes imagens inconscientes variam segundo as diferentes fases do desenvolvimento libidinal – fase respiratório-olfativa, fase oral, fase anal e fase edipiana. Em cada fase, existe uma imagem básica (imagem preponderante), outra funcional e uma terceira, erógena; essas três imagens estão em continuidade com suas três imagens correspondentes das fases anteriores e das fases seguintes. Ora, a passagem de uma fase a outra, isto é, de uma imagem a outra, é determinada pela mudança no corpo. Por exemplo, a passagem da imagem erógena da fase oral para a imagem erógena da fase anal significa a perda da supremacia de uma zona erógena e de seu objeto (a boca e o seio) em benefício de uma nova zona e um novo objeto (o ânus e as fezes). O prazer erógeno continua presente, mas os meios de obtê-lo mudaram. Entretanto, essa passagem de uma zona corporal a outra, de uma imagem a outra, é inevitavelmente dolorosa: a criança sofre por ter de renunciar ao objeto de satisfação que até então lhe proporcionava prazer e ter de conquistar um novo objeto. Essa difícil renúncia, que toda criança deve aceitar, duplicada por um esforço para ganhar o novo objeto, Françoise Dolto denomina "castração simboligênica".

Mas qual é a condição sine qua non para que a criança renuncie ao antigo e conquiste o novo? As palavras ditas por um adulto, para significar à criança que o prazer que ela conheceu até o presente não é mais possível doravante, dadas a sua idade e as coerções da vida em sociedade. Essa fala encoraja a criança a se separar do atual objeto de satisfação, a colocar símbolos no lugar deixado por esse objeto e a investir um objeto de substituição. Vemos claramente que a fala castradora do adulto é um apelo a uma renúncia, mas também, e sobretudo, uma incitação a criar símbolos, em suma, um encorajamento para a superação de si. A fala castradora deve ser tanto uma fala privativa quanto simboligênica e promocional: privativa de um prazer anacrônico; simboligênica na medida em que gera novos símbolos; e promocional de um novo sujeito. Por que dizer então que a castração remaneja a imagem do corpo? Porque a renúncia ao antigo e a conquista do novo modificam substancialmente a interação ritmada mãe-criança, isto é, a imagem inconsciente do corpo concebida como a imagem de um ritmo (ver Figura 2, p.36).

Françoise Dolto distingue cinco castrações simboligênicas:

- A *castração umbilical* que sucede ao nascimento; a criança *perde* o meio aquático de sua vida fetal e *ganha* o meio aéreo.

- A *castração oral* inerente ao desmame; a criança *perde* o seio como uma parte de si mesma e *adquire* a capacidade de utilizar a boca e a língua para falar.
- A *castração anal*, que marca a passagem da dependência motora do bebê à autonomia motora. A criança *perde* o conforto de ser carregada e *adquire* a liberdade de se locomover. Aprende a se posicionar corporalmente no espaço e a gerir sua força muscular. Esse controle da ação corporal é correlato do controle esfincteriano anal.
- A *castração primária* acontece aos dois anos e meio, quando a criança descobre que sua imagem especular é diferente de sua pessoa e que seu corpo apresenta características sexuadas. A castração primária é dada pela fala do adulto, que ensina à criança que ela é diferente de sua imagem no espelho e que a aparência sexuada de seu corpo marca seu pertencimento a um dos dois sexos. A criança *perde* a despreocupação de se situar fora-do-sexo e *adquire* agora as bases de sua identidade sexual.
- A *castração edipiana* é dada pela fala que proíbe à criança fantasiar o parente do sexo oposto como um parceiro sexual. A criança *perde* o prazer de uma fantasia incestuosa e *ganha* agora acesso a um novo objeto em consonância com seu desejo.

⋆

Dois lembretes:

- Até o fim do terceiro mês, a criança permanece insensível às imagens que se formam no espelho. Normalmente, o interesse da criança por sua imagem no espelho só é observado a partir do quarto mês, para culminar por volta do décimo quinto mês.

- É a partir dos três anos que a criança consolida sua consciência de si e se sente diferente dos outros.

## Patologia da imagem inconsciente do corpo

Uma imagem pode ser amputada de uma de suas três partes (ver Figura 2): da parte *presença do bebê*, da parte *presença da mãe* ou da parte comum às duas presenças, ou seja, a imagem do *ritmo de troca funcional, erógena e básica* entre o bebê e a mãe. A parte *presença do bebê* desaparece da imagem quando o corpo real da criança sofre uma lesão importante, invalidando a troca sensual e emocional com a mãe. Lesão ocorrida no nível de uma zona erógena (lábio leporino, distúrbios de deglutição, cegueira, queimadura etc.), no nível de uma função corporal (doenças respiratórias, cardíacas, digestivas etc.), ou no nível de uma função motora (distúrbios da motricidade e do equilíbrio). Todas essas lesões deixam a criança inapta a interagir emocionalmente com a mãe. Portanto, a imagem acha-se mutilada. A parte *presença da mãe* desaparece da imagem quando a criança é concretamente privada de sua mãe real ou de seu substituto. É o caso dos bebês separados brutalmente do adulto tutelar e confortador (morte ou doença de um dos pais; hospitalização ou abandono da criança). A parte *ritmada da troca funcional, erógena e básica* é privada da imagem quando a mãe – ainda que real e concretamente presente – não está imbuída do desejo de se comunicar com o filho e dirigir-se a ele pressentindo suas necessidades. Aqui, a mãe continua presente na realidade, mas não fala com o filho, fala "de lado", como se ele não existisse. É o caso das mães depressivas e indiferentes ou, ao contrário, das mães sufocantes, que, abandonadas por seus companheiros, acuam o filho num corpo-a-corpo perverso. Se a mãe não é habitada pelo desejo de se comunicar, não saberá se dirigir ao filho com uma fala que assegure a interação harmoniosa de suas imagens inconscientes. A relação mãe-filho torna-se então exclusivamente sensorial, fora de qualquer desejo, ou se reduz a uma simples satisfação de necessidade. Assim, a imagem inconsciente do corpo seria amputada do ritmo erógeno. Nessa imagem doente, a parte *presença do bebê* e a parte *presença da mãe* (cheiro, voz, rosto) permanecerão intactas, mas o ritmo de suas trocas será falseado, abalado ou ausente. A necessidade encontrará sempre sua satisfação, mas o desejo permanecerá insaciado até se extinguir.

★

## Nada sentimos sem representar mentalmente o que sentimos

Representamos mentalmente cada uma de nossas sensações corporais. Toda sensação intensa opera então três componentes: a *excitação* física que é sua fonte; a *representação* mental do vivido corporal e do lugar do corpo de onde provém a excitação; e, finalmente, a *atenção afetiva* que dispensamos ao que sentimos. Observemos que essa atenção nem sempre é consciente. Em suma, sentir intensamente uma sensação ou

| ESQUEMA CORPORAL<br>*O esquema corporal é a representação pré-consciente que cada um faz de seu corpo e que lhe serve de referência no espaço* | IMAGEM INCONSCIENTE DO CORPO<br>*A imagem inconsciente do corpo é a representação inconsciente que cada um faz de seu corpo de ontem e de hoje, corpo vibrante de desejos, de linguagem e de ternura* |
|---|---|
| • O esquema corporal é comum a todos os humanos.<br>• O esquema corporal é um dado neurofisiológico.<br>• O esquema corporal é uma realidade de fato. É um instantâneo de nosso corpo orgânico, saudável ou doente, tal como o vivemos graças às sensações musculares, ósseas, viscerais, circulatórias etc.<br>• O esquema corporal é pré-consciente ou consciente.<br>• O esquema corporal é elaborado visando à aprendizagem da experiência motora.<br>• O esquema corporal é independente da relação afetiva com o outro; ele pode se desenvolver inclusive em condições de desgaste afetivo.<br>• O esquema corporal proporciona uma estabilidade espaço-temporal. Graças a esse esquema, o sujeito evita os acidentes e protege seu corpo. | • A imagem inconsciente do corpo é peculiar a cada indivíduo.<br>• A imagem inconsciente do corpo se forma durante os três primeiros anos de vida.<br>• A imagem inconsciente do corpo é construída e remanejada segundo os estados libidinais (oral, anal e fálico). Cada etapa da formação da imagem é transposta ao preço de uma castração.<br>• A imagem inconsciente do corpo é fundamentalmente inconsciente, mas pode tornar-se parte consciente graças ao psicanalista, que a percebe nas manifestações do paciente e a revela a ele.<br>• A imagem inconsciente do corpo estrutura-se no seio da relação desejante, linguageira e afetiva com o outro.<br>• A imagem inconsciente do corpo proporciona ao bebê uma estabilidade, uma constância e uma mesma base. |

FIGURA 9

**O esquema corporal não é a imagem inconsciente do corpo**

uma emoção (uma dor, um prazer, uma opressão no peito, um acesso de raiva ou qualquer outra impressão sensorial) significa que investimos libidinalmente a representação mental do vivido corporal. Psicanaliticamente falando, não investimos o corpo em carne e osso, mas sua representação mental. Eis por que, sempre que experimentamos uma intensa sensação física, nunca é o corpo que sentimos realmente, mas a imagem mental – ainda que imprecisa – que forjamos da sensação. Nada sentimos sem representar o que sentimos.

## Sou o criado de dois senhores: meu corpo e meu inconsciente

Eu gostaria de me deter um instante para interrogar a relação entre o corpo e o inconsciente levantando a seguinte questão: quem nos governa? Quem é o senhor que governa nosso destino? Quem poderia me ordenar a, por exemplo, interromper a escrita desta página e ir me deitar para tratar uma gripe senão meu corpo, meu senhor inconteste? Outros, em contrapartida, dirão que seu senhor inconteste não é o corpo, mas o próprio inconsciente, e outros ainda dirão que é Deus. De minha parte, considero-me dependente de dois senhores indissociáveis, um tão poderoso quanto o outro, ambos unidos para me governar: um é o corpo, exigência imperiosa à qual não posso me esquivar; o outro é o inconsciente, agente invisível e silencioso que impõe sua lei. Ambos são correlatos e vibram em uníssono: o corpo é o ressonador mais sensível do inconsciente, e este se adapta às inevitáveis variações de um organismo vivo e mortal. E o que dizer de Deus? Seguramente, Deus, suprema alteridade do homem, é a instância universal e transcendente que cada um saberá ou não reconhecer.

## Um exemplo de *imagem-ação*: a mãozorra desenhada pelas crianças espancadas

Em vez de aflorar na consciência, a imagem inconsciente de nossas sensações infantis (*protoimagem*) dinamiza-se em uma ação; ela é representada por nosso corpo como a cena de um sonho é representada por um sonâmbulo. Penso aqui num exemplo de imagem-ação, o do desenho espontâneo que algumas crianças produzem durante o tratamento. Acontece de esses pequenos pacientes desenharem personagens com mãos enormes para exprimirem, sem se darem conta disso, o medo de viver sob a ameaça de uma mão violenta que os espanca. Dizem que as crianças que desenham mãos descomunais são quase todas crianças espancadas ou que têm medo de sê-lo. Assim, direi que o próprio *ato* de desenhar uma mão-palmatória é a *imagem-ação* que revela ao psicanalista um medo encoberto.

## Percebo o outro na minha imagem e percebo minha imagem no outro

Eis o que Lacan chama de "paranoia primitiva" e, às vezes, de "estrutura paranoica do *eu*": o outro está em mim e eu estou no outro. Essa paranoia constitutiva de nosso *eu*, cristalizada por ocasião do estádio do espelho, é a matriz de todo laço humano.

Ser humano significa incluir o outro em nós e depender tão intimamente dele que ninguém poderia se considerar livre e autônomo. Ninguém é autônomo, eis o que o neurótico recusa-se a admitir. Este último confunde alienação humanizante e submissão servil a um outro vivido como um dominador. O neurótico teme ser dominado, abandonado, humilhado ou molestado pelo outro; mas, para salvar seu amor-próprio, transforma seu medo em protesto: "Não vou me entregar! Ele não me terá!" É compreensível que uma das fantasias neuróticas mais tenazes seja julgar-se autossuficiente, evitando assim engajar-se com o outro numa relação afetiva.

## O rosto do outro é para mim um espelho vivo e uma presença que me penetra

O rosto de um próximo é um espelho móvel que me devolve minha própria imagem tal como ele a representa sem disso ter consciência. Assim que sustento seu olhar, sinto, imediata e confusamente, a imagem que ele forjou de mim. Enquanto diante de um espelho percebo o reflexo de minha aparência, diante do rosto que encaro e que me encara apreendo o que sou para o outro. Assim, o espelho reflete minha imagem especular, enquanto o rosto expressivo do outro refrata minha própria imagem interior tal como ele a interpreta.

Numa perspectiva oposta, não mais de nós para o rosto do outro, mas de seu rosto para nós, Emmanuel Levinas aponta como o "rosto do outro", tão radiante de significações, impõe-se a nós e nos penetra. Levinas chama de *epifania* a radiação do outro através de seu rosto, e de *visitação* sua entrada em nós. Assim, escreve uma fórmula admirável em *Humanismo do outro homem*: "A epifania do rosto é visitação." Gostaria de repetir aqui o conjunto da passagem em que se acha esta fórmula: "A epifania do Outro comporta uma significação própria … Essa presença (a presença do Outro) consiste em vir a nós, em fazer uma entrada. O que pode ser assim enunciado: o fenômeno que é a aparição do Outro é também rosto. A epifania do rosto é visitação. Ao passo que o fenômeno já é imagem, a epifania do rosto é viva. … O outro se manifesta no rosto." (Emmanuel Levinas, *Humanisme de l'autre homme*, Vrin, 1980, p.51.)

★

Quando vemos nosso corpo refletido, nos sentimos humanos, e quando vemos nosso rosto, nos sentimos nós mesmos.

★

## O olhar dos outros na construção da imagem de si

> Quer me diferencie do outro ou me sinta semelhante, quer me sinta autônomo ou dependa dele, preciso sempre do outro para ser eu.
>
> J.-D. N.

❑ *O que é imagem de si?*

A imagem de si é, acima de tudo, um sentimento, o sentimento de existir e ser um si; um si que amamos ou rejeitamos, que protegemos ou expomos. Ela se forma ao longo de toda a vida e à nossa revelia. Os principais ingredientes que compõem a imagem de si são:

- Em primeiro lugar, tudo o que vem do *corpo* tal como o sinto e tal como o vejo – minha voz, meus cheiros, minhas dores, minhas sensações viscerais, minhas sensações proprioceptivas, a imagem do meu corpo devolvida pelo espelho e, sobretudo, a expressão de meu rosto quando me olho no espelho.
- Em seguida, tudo que vem da *linguagem* na qual habito. Minha língua materna, meu patronímico e, sobretudo, a multiplicidade dos símbolos que marcaram e marcam a minha vida.
- Depois, tudo o que vem do *outro*: a imagem de mim mesmo devolvida por meus parentes, amigos e colegas.
- Finalmente, último constituinte, todas as aluviões de minha *história*, isto é, os traços e cicatrizes deixados pelos acontecimentos marcantes do meu passado.

Pois bem, todos esses elementos saídos do corpo, da linguagem, dos outros e de minha história, não cesso de integrá-los em mim, desde o meu nascimento, e ver esboçar-se em meu espírito um vago autorretrato tão imutável quanto mutante, chamado "imagem de si". Esse autorretrato virtual e identitário é a própria substância de nosso *eu*. De fato, a imagem de si e o *eu* são dois termos possíveis para designar o sentimento mais íntimo, o de sentir-se si mesmo.

❑ *Poderia desenvolver o terceiro constituinte da imagem de si, o da influência do outro?*

Quer eu me diferencie do outro ou a ele me sinta semelhante, quer me sinta autônomo ou dependa dele, é indiscutível que preciso do outro para ser eu. Já em nossa vida fetal, temos o sentimento de existir graças aos inumeráveis estímulos internos e externos e às emoções transmitidas pela mãe que nos contém em seu útero. Uma vez nascidos, a troca prossegue quando sentimos existir no brilho do olhar emocionado que nossos parentes nos dirigem. Somos então conscientes de viver por alguém. E depois, ao longo dos anos, cada criança torna-se uma "devoradora" dos adultos importantes para ela. Ela ama ao se identificar com cada pessoa de seu círculo. Amar o outro não é apenas exprimir-lhe ternura, é, sobretudo, fazer como ele, parecer com ele, e isso sem se dar conta. Todos os adultos serão para ela espelhos que a levam a compreender, pouco a pouco, *quem* ela é e, principalmente, o que esperam dela. Os ideais, os valores e as opiniões familiares e sociais vêm então inscrever-se no bebê e moldar sua personalidade.

Como você pode ver, primeiro há o olhar dos outros, olhar que me reconhece ou me rejeita, mas que, de toda forma, influencia a imagem que tenho de mim mesmo. Depois, há meu próprio olhar interior, soma de todos os olhares dos outros introjetados ao longo do tempo. Esse auto-olhar traduz-se frequentemente por uma consciência moral que me lisonjeia ou critica, me elogia ou condena. Mas seja exterior ou interior, o olhar do outro permanece o principal agente formador da imagem de si.

❑ *O olhar dos pais deixaria então uma marca indelével na maneira como nos percebemos?*

Sim, isso é essencial. Se crescemos sem essa presença do adulto tutelar, isso provoca muito sofrimento. Pegue o caso dos prematuros nascidos com seis meses de gravidez, que permanecem diversas semanas sozinhos no hospital. São geralmente crianças que sentem, em seguida, grande dificuldade para incorporar o outro, identificar-se com ele e se construir. Nos casos mais graves, sofrem de distúrbios psíquicos irreversíveis ou manifestam condutas antissociais (delinquência, roubo, comportamentos de risco, suicídio etc.). Dito isso, a onipresença dos pais também pode ser nefasta. As crianças reis, por exemplo, estão de tal forma acostumadas a serem satisfeitas que sentem a menor das frustrações como um abandono ou humilhação insuportáveis. Ausência ou onipresença do outro têm geralmente como efeito a formação de personalidades frágeis com dificuldades para travar relações afetivas saudáveis.

❑ *O que diferencia o olhar do pai do olhar da mãe?*

Se o olhar da mãe é essencial no desenvolvimento afetivo do bebê, o do pai torna-se igualmente fundamental por volta dos três anos de idade, no momento em que começa a fase edipiana e, correlatamente, a construção da identidade sexual. Quando um pai diz à sua filhinha que ela é bonita, por exemplo, olhando-a com ternura, permite-lhe compreender inconscientemente sua diferença em relação aos meninos e afirmar sua feminilidade. Quanto ao menino, por sua vez, a partir do momento em que partilha atividades com seu pai, sente que o incluem na comunidade dos homens, e esse sentimento permite-lhe crescer mais serenamente.

❑ *Por que determinadas pessoas são tão sensíveis às opiniões alheias enquanto outras são indiferentes?*

Na verdade, todos nós somos antenados a elogios ou críticas, mas, concordo com você, algumas pessoas são efetivamente mais sensíveis que outras. Isso depende de um único fator, a solidez da imagem que se tem de si. Se me aceito tal como sou, se me sinto globalmente feliz de ser aquele que sou, a opinião dos outros me interessa, decerto, mas não me desestabiliza, pois sou capaz de relativizá-la. Se, ao contrário, duvido de mim, quero dizer, se não me aceito como sou e não me amo, a opinião do outro torna-se essencial, seja porque me encoraja, seja porque me deprime. Resumindo, a equação seria a seguinte: quanto mais estou em paz comigo mesmo, mais relativizo a importância do olhar dos outros. E, inversamente, quanto mais estou decepcionado comigo mesmo ou mais cheio de mim, mais preciso do olhar do outro.

❑ *E de que depende que eu esteja em paz comigo mesmo?*

Tem a ver com a maneira como você foi amado. Se seus pais souberam educá-lo sem degradá-lo, isto é, se souberam inculcar-lhe as regras e os interditos da vida em sociedade sem fazê-lo sentir que é "uma criança rei" ou, ao contrário, "um incapaz", então você terá aprendido a se amar serenamente e a se julgar com a mesma indulgência de seus pais. É por essa razão que aconselho sempre às mães a dizer e repetir a seu filho que têm orgulho do que ele é, de sua inteligência, de sua determinação, e isso a despeito de seus inevitáveis defeitos. A cada prova decisiva, é preciso dizer-lhe que temos confiança nele e que não duvidamos de seu sucesso na vida. A maior dificuldade para os pais é educar seu filho e, ao mesmo tempo, evitar que ele perca a autoestima. Por exemplo, quando o ensinamos a andar de bicicleta, se lhe dissermos: "Não é assim que deve fazer, você não entendeu nada, olhe para mim!", iremos desestabilizá-lo. Aqui, as palavras a mais são: "Você não entendeu nada!" Você precisa dar mostras de paciência, tentar outros meios de aprendizagem e pensar sempre em consolidar sua confiança nele. Essa confiança é, de fato, o verdadeiro objetivo de toda educação.

| UNIFICAÇÃO | ONIPOTÊNCIA | AUTONOMIA | |
|---|---|---|---|
| • A criança fica *fascinada* por sua silhueta humana e móvel que se reflete no espelho.<br><br>"*Eu me* julgo *unido.*" | • Ilusão triunfante na criança de dominar seu corpo e controlar sua imagem.<br><br>"*Eu me* julgo *forte.*" | • Julgo-me autônomo e livre para fazer o que quero.<br><br>"*Eu me* julgo *livre.*" | ILUSÕES |
| **DESPEDAÇAMENTO** | **IMPOTÊNCIA** | **ALIENAÇÃO** | |
| • A criança *sofre* ao sentir a desordem de suas sensações internas.<br><br>"*Eu* sou *despedaçado.*" | • Nessa fase da vida, um bebê é impotente para dominar seu corpo e controlar sua imagem.<br><br>"*Eu* sou *impotente.*" | • Não sou autônomo, pois preciso do outro para ser eu. E, sobretudo, não sou livre para fazer o que quero; sou livre apenas para amar ou não amar o que devo fazer.<br><br>"*Eu* sou *alienado.*" | REALIDADE |

FIGURA 10

**O estádio do espelho: as *ilusões* da criança diante de sua imagem estão em contradição com a *realidade* das sensações corporais**

# 5. Excertos das obras de Freud, Dolto e Lacan sobre o corpo e suas imagens, precedidos de nossos comentários

*Os subtítulos e as linhas em negrito que apresentam os excertos de Freud, Dolto e Lacan são de J.-D. N.*

## Freud antes de Dolto

***Embora esquecidas, as primeiras sensações corporais vividas quando éramos bebês continuam a agitar nosso corpo de adulto e a exercer uma influência decisiva sobre nossa vida afetiva, nossas escolhas, até mesmo nossas produções intelectuais ou artísticas mais elaboradas.***

"Os fatos dos cinco primeiros anos de vida exercem, sobre nossa vida, uma influência decisiva à qual nada poderá opor-se mais tarde ... Observamos com satisfação que um escritor (E.T.A. Hoffmann) cheio de imaginação ... atribuía a riqueza de personagens imaginários em suas obras à diversidade das imagens e impressões recebidas por ele ... quando não passava de um bebê ainda mamando em sua mãe. Tudo que uma criança de dois anos já pôde ver sem compreender pode muito bem jamais voltar à sua memória, exceto nos sonhos. Apenas o tratamento analítico será capaz de lhe revelar esses acontecimentos."[1] *Freud*

## Foram as crianças que revelaram a Françoise Dolto a existência da imagem inconsciente do corpo

"Se eu me interesso pela imagem do corpo, que cada um carrega consigo, em cada momento de sua existência, acordado, estático, funcional ou adormecido, é porque trabalho com crianças e adultos em psicanálise, e porque as imagens que os adultos deixavam implícitas em sua fala me eram fornecidas explicitamente pelas crianças, fosse por seus desenhos, fosse por suas modelagens."[2] *Dolto*

★

## O conceito de imagem inconsciente do corpo nasce na escuta

*Embora resultante da escuta das crianças neuróticas, a noção de imagem inconsciente do corpo tornou-se uma ferramenta preciosa no trabalho com nossos pacientes adultos.*

"A noção de imagem do corpo é fruto da prática da psicanálise com crianças neuróticas."[3] *Dolto*

★

## Definições da imagem inconsciente do corpo

*A imagem inconsciente do corpo é a representação recalcada de uma sensação corporal vivida no passado, na vida intrauterina ou na pequena infância, indissoluvelmente associada à presença intensa da mãe. A imagem inconsciente do corpo é a memória inconsciente de todos os nossos desejos em relação à nossa mãe, desejos associados às zonas erógenas do corpo: olfativa, auditiva, visual etc. Lembremos que todos os nossos impulsos desejantes dirigidos para a mãe derivam de um único e supremo desejo, o de se comunicar com o outro.*

"[A imagem inconsciente do corpo] é uma estrutura que decorre de um processo intuitivo de organização das fantasias, das relações afetivas e eróticas pré-genitais. 'Fantasias' significa aqui memorização olfativa, auditiva, gustativa, visual, tátil, barestésica e cinestésica de percepções sutis, fracas ou intensas, sentidas como linguagem de desejo do sujeito em relação a um outro, percepções que acompanharam as variações de tensão substanciais sentidas no corpo."[4] *Dolto*

"A imagem do corpo é uma síntese viva, a todo momento atual, de nossas experiências emocionais repetitivamente vividas através das sensações erógenas eletivas, arcaicas ou atuais de nosso corpo."[5] *Dolto*

*Observemos que, nessas duas citações, Dolto define a imagem inconsciente do corpo privilegiando sua natureza erógena.*

★

## A imagem inconsciente do corpo não pode ser apreendida senão através de suas manifestações

*A imagem inconsciente do corpo não é imediatamente perceptível, uma vez que é recalcada e inconsciente. Entretanto, pode ser revelada ao psicanalista se este souber descobri-la nas atitudes corporais e na fala do paciente, e quando este é uma criança, nos desenhos e modelagens que produz e em seus comentários durante a sessão.*

"Ocorreu-me durante meu trabalho que as imagens inconscientes que um ser humano tem de seu corpo – sem nenhuma relação com a imagem consciente visual ou volumétrica de seu corpo no tempo e no espaço da realidade –, que essas imagens inconscientes subjazem a tudo o que ele sente e exprime."[6] *Dolto*

"É por meio dessas representações, e escutando o que as crianças dizem sobre elas ou o que fantasiam ao desenhar, que compreendi e pude estudar o que está em jogo nas imagens inconscientes do corpo."[7] *Dolto*

★

## Os três componentes da imagem inconsciente do corpo: a imagem básica, a imagem funcional e a imagem erógena

"[Nós distinguimos] três modalidades de uma mesma imagem do corpo: imagem básica, imagem funcional e imagem erógena, que, juntas, constituem e consolidam a imagem do corpo vivo e o narcisismo do sujeito a cada estágio de sua evolução."[8] *Dolto*

*Na passagem abaixo, pinçada de um texto antigo, Françoise Dolto distingue apenas dois componentes da imagem inconsciente do corpo: a imagem básica e a imagem funcional. Mais tarde,*

*Dolto desdobrará esta última em uma imagem propriamente dinâmica de troca e outra propriamente erógena.*

"Em cada época da organização libidinal, o ser humano elabora duas imagens dinâmicas de seu corpo, ... cuja alternância ritmada proporciona-lhe a sensação de existir no tempo e no espaço como unidade viva limitada por seus tegumentos. Em primeiro lugar, ... a imagem básica de segurança que implica uma cabeça e um tronco ... Em segundo lugar, uma representação dinâmica de realização de trocas estruturadoras de entradas e saídas energéticas ...; essa imagem de representação dinâmica de realização pode ser entendida também como imagem de tônus potencial erógeno."[9] *Dolto*

★

## A imagem básica

*A imagem básica nos dá o triplo sentimento de permanecermos estáveis no espaço, de permanecermos os mesmos no tempo e de permanecermos consistentes diante da alteridade dos seres e das coisas. Essa imagem está no fundamento do narcisismo "primordial", isto é, de nosso desejo de ser e viver.*

"A imagem básica é uma imagem de massa contínua e estável do viver."[10] *Dolto*

"A imagem básica é o que permite à criança sentir-se numa 'mesmice de ser', isto é, numa continuidade narcísica ... Defino o narcisismo como a mesmice de ser conhecido e reconhecido que se tornará para cada um o caráter de seu sexo."[11] *Dolto*

## A imagem funcional

*A imagem funcional é a marca deixada no inconsciente infantil pela sensação de um corpo plenamente engajado na troca com um adulto protetor, desejado mas também desejante.*

"Enquanto a imagem básica tem uma dimensão estática, a imagem funcional é imagem estênica de um sujeito que visa à realização de seu desejo."[12] *Dolto*

★

## A imagem erógena

*A imagem erógena é a marca deixada no inconsciente infantil pela sensação de um corpo vivido como se fosse apenas um orifício erógeno; um orifício que palpita de acordo com a presença e a ausência do outro desejado e desejante.*

"[A imagem erógena] é o lugar onde se focalizam prazer ou desprazer erótico na relação com o outro."[13] *Dolto*

★

## A regressão é um processo saudável de retraimento

*A criança que regride encontra uma segurança fundamental: poder dizer-se a si mesma: "Sou eu." Entretanto, uma vez adquirida essa segurança, ela ainda sofre porque, tendo regredido, instala-se em seu refúgio regressivo e, com isso, vê-se defasada em relação à realidade presente.*

"... a regressão cujos sintomas determinado sujeito apresenta é um processo saudável de retraimento que foi necessário à conservação da saúde em um dado momento, e esse sujeito ali permaneceu acuado."[14] *Dolto*

"... a regressão é um processo necessário à conservação da saúde em todos os casos em que uma provação é imposta a um ser humano que ainda não adquiriu meios simbólicos para superá [-la]."[15] *Dolto*

★

## A imagem inconsciente do corpo é uma língua

*A imagem inconsciente do corpo é uma língua que o psicanalista deve conhecer para decodificar as manifestações do paciente e, graças às associações deste, revelar-lhe a causa ignorada de seu sofrimento.*

"[A imagem inconsciente do corpo] é, portanto, um dito, um dito a ser decodificado, cuja chave o psicanalista não detém sozinho. São as associações da criança que fornecem a chave."[16] *Dolto*

"Que fique bem claro: a imagem do corpo não é a imagem que está desenhada ali, ou representada na massinha de modelar; ela deve ser revelada pelo diálogo analítico com a criança."[17] *Dolto*

*Falar a língua da imagem inconsciente do corpo significa, para um psicanalista, comunicar-se com seu paciente reconhecendo-o como tal e ali onde ele está, isto é, indo buscá-lo no refúgio regressivo no qual se retraiu.*

"... É importante, quando a criança é bem pequena e é psicótica ou retardada, que o adulto psicanalista compreenda a quem ele se dirige quando fala com a criança. Quero dizer com quem, em que imagem do corpo residual esse sujeito pode ouvi-lo, e com o que desse corpo ele lida nessa criança."[18] *Dolto*

★

## Lacan e a imagem inconsciente do corpo

*Eis um excerto em que Lacan reage, em seu Seminário de 1956, à exposição que Françoise acabava de apresentar. Lacan levanta uma questão fundamental à qual respondemos neste livro: a imagem inconsciente do corpo de uma criança é perceptível pela própria criança e por sua mãe? Um psicanalista, sem ser Françoise Dolto, pode ter acesso a ela? A essa pergunta, todo nosso desenvolvimento responde com um sim taxativo. Não apenas a mãe percebe inconscientemente a imagem inconsciente do corpo de sua criança, como também faz parte dela. Contudo, para que um ou outro dos parceiros da díade mãe-filho possa tomar consciência da mencionada imagem, também é preciso que um psicanalista lhe revele sua existência.*

"É surpreendente que ninguém tenha falado ontem à noite de uma passagem da maior importância que nos trouxe a sra. Dolto. ... Quando se falou, ontem à noite, em imagem corporal a propósito da criança, uma coisa deve realmente ter-lhes ocorrido: esta imagem do corpo, se ela é efetivamente a criança, se é mesmo acessível à criança, será assim, no entanto, que a mãe vê seu filho? Esta é uma questão que não foi, em absoluto, levantada.

Igualmente, em que momento a criança é capaz de perceber que o que sua mãe deseja nela, satura e satisfaz nela, é sua imagem fálica, dela, mãe? Que possibilidade tem a criança de ter acesso a esse elemento relacional? Será isso da ordem de uma efusão direta, até mesmo de uma projeção? Não é de supor que toda relação entre sujeitos seja da mesma ordem que a relação da sra. Dolto com seu sujeito? Estou surpreso que ninguém lhe tenha perguntado se, além dela, que vê todas essas imagens do corpo, e de um ou outro analista, e ainda, de sua escola, havia alguém que as visse assim. No entanto, este é o ponto importante."[19] *Lacan*

★

## Freud antes de Lacan: o eu é nossa imagem corporal

*Do ponto de vista de sua função, o eu é a superfície perceptiva do aparelho psíquico, e do ponto de vista de sua consistência, é a imagem projetada da superfície sensível do corpo. Logo, o eu é tanto a superfície perceptiva do aparelho psíquico quanto a projeção mental da superfície corporal; é tanto uma superfície quanto a projeção de uma superfície. É esta última acepção que nos interessa aqui, desde que traduzamos a palavra "projeção" por "imagem". Com efeito, o eu é uma imagem, a imagem mental de nossas sensações externas emanando da superfície do corpo, isto é, da pele e das mucosas porosas. Mas é também a imagem mental de nossas sensações viscerais e proprioceptivas emanando do interior do corpo.*

"O eu é, acima de tudo, um eu corporal, não é apenas um ser de superfície; ele mesmo é a projeção de uma superfície." *Na tradução inglesa de* O eu e o isso, *esse trecho foi comentado pela tradutora Joan Rivière numa nota de rodapé aprovada por Freud. Eis a nota:* "Isto é: o eu é efetivamente derivado de sensações corporais, principalmente daquelas que têm sua fonte na superfície do corpo. Ele [o eu] pode ser assim considerado uma projeção mental da superfície do corpo e, além disso, ... representa a superfície do aparelho mental."[20] *Freud*

★

## O narcisismo é o amor pela nossa imagem corporal

*As pulsões sexuais assim evoluem: em primeiro lugar, são separadas e cada uma, à maneira de uma serpente mordendo a própria cauda, se retorce em busca de sua fonte; em seguida, elas reunificam-se e, juntas, investem o corpo próprio, primeiro objeto de amor; e, por fim, todas reunidas, voltam-se para o exterior e conquistam um novo objeto de amor: a pessoa do outro. A primeira fase chama-se autoerotismo; a segunda, narcisismo ou amor pelo próprio corpo; e a terceira fase, amor por outra pessoa. Insistimos em dizer que Freud define o narcisismo, justamente, como amor pelo próprio corpo. Entretanto, ninguém nunca ama seu corpo tal como ele é, nem a pessoa do outro tal como ela é; gostamos deles tais como gostaríamos que fossem. O amor é sempre amor por uma imagem, amor por um ser – nosso corpo ou a pessoa do outro – velado pela imagem de nossas expecta-*

*tivas e projeções. Assim, diremos que o narcisismo não é o amor pelo nosso corpo tal como é, mas o amor pelo nosso corpo tal como desejávamos ou temíamos que fosse. Apresso-me em dizer que, na citação que irão ler, Freud não evoca essa condição imaginária do amor, mas define claramente o que é o narcisismo.*

"O indivíduo [durante a fase do narcisismo] reúne em uma unidade suas pulsões sexuais, que até então atuavam de maneira autoerótica, a fim de conquistar um objeto de amor, e a princípio ele se toma a si mesmo, toma seu próprio corpo como objeto de amor antes de passar à escolha objetal de outra pessoa."[21] *Freud*

*Se nos lembrarmos que a imagem do corpo, equivalente ao eu, é uma imagem esburacada, diremos então que o buraco é o núcleo do eu e que esse núcleo é, segundo Freud, o isso.*

"Não desconhecemos que o núcleo do eu (o *isso*, como o chamei mais tarde), ao qual pertence a herança arcaica da alma humana, é inconsciente … ."[22] *Freud*

★

**O narcisismo não é apenas o amor pela nossa imagem corporal, é também a projeção dessa imagem sobre o mundo: o narcisismo consiste em amar nossa imagem e modelar o mundo à nossa imagem**

*De acordo com a nossa leitura, Lacan concebe o corpo de um triplo ponto de vista: real, quando é a sede das sensações, dos desejos e do gozo; imaginário, quando sua silhueta se impõe como o protótipo universal de todos os objetos criados pelo homem; e simbólico, quando é a suprema metáfora da vida e, inversamente, a fonte inspiradora dos milhares de metáforas da linguagem humana. Nas frases seguintes, Lacan sugere a dimensão imaginária do corpo e afirma que o homem, na proporção de sua silhueta, corporifica o mundo e apreende seu semelhante.*

"Podemos perceber que, no que se refere à análise, ela não apreende do corpo senão o que há de mais imaginário. … Nós apreendemos um corpo como forma. Nós o apreciamos como tal por sua aparência. Os homens adoram essa aparência do corpo humano. Adoram, em suma, uma pura e simples imagem. Comecei a enfatizar o que Freud denomina narcisismo, *id est* o núcleo fundamental que faz com que o homem, para se dar uma imagem do que chama de mundo, o conceba como essa unidade de pura forma que o corpo representa para ele. Foi a partir da *superfície* do corpo que o homem forjou a ideia de uma forma privilegiada. E sua primeira apreensão do mundo foi a apreensão de seu semelhante."[23] *Lacan*

"O homem é captado pela imagem de seu corpo. Esse ponto explica muitas coisas e, em primeiro lugar, o privilégio que tem para ele essa imagem. Seu mundo …, seu *Umwelt*, o que há em torno dele, ele o *corpo-reifica*, tornando-o coisa à imagem de seu corpo."[24] *Lacan*

*O corpo real não é o corpo em carne e osso; é o corpo enquanto matéria excitável, suscetível de sentir ou não sentir, reproduzir-se, consumir-se, eliminar seus dejetos e morrer. Segundo nossa interpretação, o corpo real seria, em Lacan, nosso corpo gozoso.*

"Não apreendemos o gozo, só concebemos o que é corpo ... Goze bem ou mal, pertence exclusivamente a um corpo gozar ou não gozar, pelo menos esta é a definição que daremos de gozo."[25] *Lacan*

★

## Propriedades da imagem mental de nossas sensações físicas

*A imagem mental do corpo real – no caso, para Lacan, "imagem do corpo despedaçado" – é uma superfície em mosaico, composta de microimagens diversas e desordenadas, cada uma refletindo o fragmento do corpo do qual emana a sensação, o desejo ou o gozo.*

"... as imagens do corpo despedaçado ... aparecem nos sonhos, assim como nas fantasias. Elas podem mostrar, por exemplo, o corpo da mãe dotado de uma estrutura em mosaico, feito um vitral. Mais frequentemente, a semelhança é com um quebra-cabeça, com suas peças separadas do corpo de um homem ou de um animal numa combinação desordenada."[26] *Lacan*

★

## A ação morfogênica da imagem especular

*A imagem especular é também um significante. Por quê? Porque, como um significante, ela tem o poder de modificar a realidade. Um exemplo tirado da etologia mostra claramente o impacto da imagem sobre o ciclo sexual dos animais. É o caso da pomba, que tem a ovulação desencadeada quando ela vê um congênere ou sua própria imagem refletida num espelho.*

"Sabe-se há muito tempo que a fêmea do pombo, isolada de seus congêneres, não ovula. Os experimentos de Harrison demonstram que a ovulação é determinada pela visão da forma específica do congênere ... Basta que dois sujeitos possam contemplar-se ... para que o fenômeno da ovulação se desencadeie."[27] *Lacan*

*Na citação seguinte, extraída dos* Escritos, *Lacan afirma a propriedade da imagem do corpo de veicular a libido do corpo em direção ao objeto (o outro), e completamos: de reconduzir a libido do objeto para o corpo. A expressão "imagem especular" utilizada abaixo deve ser compreendida como designando as duas imagens corporais associadas, a imagem mental do corpo e a imagem especular do corpo aparente.*

"... a imagem especular é o *canal* adotado pela transfusão da libido do corpo para o objeto."[28] *Lacan*

*Sendo uma forma de gozo, o objeto pequeno* a *não tem imagem no espelho, mas é o olhar que apreende a imagem e a ilumina. O objeto* a *não aparece na imagem especular, mas é ele que, invisível, lhe dá vida. Também poderíamos dizer que o objeto* a *é a força invisível que dá à imagem especular seu poder de fascinação ou, numa abordagem espacial, que a imagem vela o objeto* a *como uma esfera transparente velaria um núcleo incandescente que a iluminasse do interior. O objeto* a *é, ao mesmo tempo, o olhar que apreende a imagem e a energia que ilumina a imagem.*

"Um traço comum a esses objetos [objetos *a*] em nossa elaboração: eles não têm imagem especular, ou, dito de outra maneira, alteridade. ... É a esse objeto inapreensível no espelho que a imagem especular dá sua vestimenta."[29] *Lacan*

"... Se a imagem do corpo, o *i*(*a*), origina-se ... na experiência especular, o pequeno *a* não tem imagem especular. Ele não é especularizável. E nisso reside todo o mistério. Como, não sendo especularizável, podemos sustentar, manter, porque este é o fato de nossa experiência, que ele concentre todo o esforço de especularização?"[30] *Lacan*

***Seguindo uma abordagem metafórica, diríamos que na imagem especular do corpo aparece um branco, uma ausência de imagem, um furo na imagem localizada exatamente no lugar da zona genital. Essa mancha branca é um brilho ofuscante que Lacan chama de "falo imaginário"; é um branco que cega e indica, em negativo, a excitação sexual que se apodera daquele que se vê no espelho. Se, por exemplo, um homem em estado de ereção se vê num espelho, ficará seguramente atraído pela imagem de seu sexo ereto, mas não verá a excitação que o queima. Pode ver seu corpo, mas não o gozo que o perturba. O gozo é irrepresentável, é apenas experimentado. Assim, para Lacan, a imagem do pênis ereto, denominado "falo imaginário" e notado na álgebra lacaniana com a ajuda do símbolo (-φ), aparece como uma não-imagem, como um branco ofuscante na imagem do corpo que indica metaforicamente que o gozo é invisível.***

"... o falo [imaginário], ou seja, a imagem do pênis, é negativizado em seu lugar na imagem especular. É isso que predestina o falo a dar corpo ao gozo na dialética do desejo."[31] *Lacan*

"Lembremos as grandes linhas da teoria lacaniana para situar esse 'objeto pequeno *a*' do neurótico. De um lado, nem todo investimento narcísico passa pela imagem especular. Há um resto: o falo (-φ) [ou falo imaginário]. Na imagem real do corpo libidinal, o falo aparece: a menos; em branco; não é representado; é inclusive cortado da imagem especular."[32]
*Lacan*

★

## O estádio do espelho é ao mesmo tempo um fato observável e uma construção teórica

*Na condição de fato observável, o estádio do espelho é uma etapa no desenvolvimento infantil durante a qual a criança descobre o reflexo de sua silhueta humana. Como conceito, o estádio do espelho põe em cena o nascimento do Eu, do eu e do outro. Três instâncias identitárias que nascem graças à identificação da criança com o modelo que lhe oferece sua própria imagem especular. Assim, a criança identifica-se com a imagem de si mesma e, ao fazê-lo, constrói sua identidade e amadurece mais.*

"… minha construção dita 'do *estádio do espelho*' – ou, como mais valeria dizer, *fase do espelho*. … Meu objetivo ali foi evidenciar a conexão de um certo número de relações imaginárias fundamentais num comportamento … Esse comportamento não é outro senão o que a criança tem diante de sua imagem no espelho a partir dos seis meses de idade … O que chamei de assunção triunfante da imagem, com a mímica jubilatória que a acompanha, a complacência lúdica no controle da identificação especular, [todos esses fenômenos] pareceram-me manifestar um desses fatos de captação identificatória pela *imago* que eu estava procurando isolar."[33] *Lacan*

★

## O estádio do espelho

*Nas linhas que irão ler, Lacan considera que a fascinação da criança por sua imagem especular supõe uma identificação. Sim, a criança fascinada identifica-se com sua própria imagem, quero dizer que ela se apropria dela, se enriquece e amadurece mais. Mas, deixemos claro, o que a fascina não é ver-se, a si, no espelho, mas ver-se humana É a forma humana em movimento que a atrai, a arrebata e a torna feliz. Justamente, essa alegria diante do espelho comprova quanto o bebê, apesar da incipiência de seu sistema nervoso, é perfeitamente capaz de reconhecer sua silhueta e regozijar-se com ela.*

"Há aí uma primeira captação pela imagem, onde se esboça o primeiro momento da dialética das identificações. Está ligado a um fenômeno de *Gestalt*, à percepção muito precoce, na criança, da forma humana, forma esta que, como sabemos, fixa seu interesse desde os primeiros meses e, no que tange ao rosto humano, desde o décimo dia de vida. Mas o que demonstra o fenômeno de reconhecimento que implica a subjetividade são os sinais de jubilação triunfante e o ludismo de discernimento que caracterizam, desde o sexto mês, o encontro com sua imagem no espelho pela criança."[34] *Lacan*

***Diante de sua imagem refletida, a criança diria: "Vejo-me completa no espelho, mas sinto-me incompleta no meu corpo. A completude virtual do espelho é uma ilusão que anuncia a completude real futura."***

"... a criança ... antecipa no plano mental a conquista da unidade funcional de seu próprio corpo, ainda inacabado nesse momento no plano da motricidade voluntária."[35] *Lacan*

"... o sujeito toma consciência de seu corpo como totalidade. É o que insisto em minha teoria do estádio do espelho – a visão única da forma total do corpo humano dá ao sujeito um controle imaginário de seu corpo, prematuro em relação ao controle real."[36] *Lacan*

***Sou alienado em relação à minha imagem porque não poderia me sentir e pensar eu sem ela. E, correlatamente, sou alienado em relação a meu semelhante porque não poderia me sentir e pensar eu, sem ele. Assim, sou duplamente alienado: em relação à minha imagem e ao outro.***

"Assim, ponto essencial, o primeiro efeito que aparece da *imago* no ser humano é um efeito de *alienação* do sujeito. É no outro que o sujeito se identifica e até se experimenta a princípio."[37] *Lacan*

"Pois, nesse trabalho que faz de reconstruí-la *para um outro* [Lacan fala aqui da obra que representa para um sujeito a conquista de seu ser, construído e reconstruído ao longo da vida], ele reencontra a alienação fundamental que o fez construí-la *como um outro*, e que sempre a destinou a lhe ser furtada *por um outro*."[38] *Lacan*

*Eis agora um excerto das anotações de Darwin (1877), em que ele registra suas observações sobre o comportamento do filho, ainda bebê, diante do espelho. Diversos comentários seus coincidem espantosamente com as observações de Lacan (a jubilação da criança se olhando no espelho, sua idade, o gesto de se voltar para o adulto e a comparação com o comportamento dos macacos diante de sua imagem).*

"Com quatro meses e meio de idade, aconteceu-lhe muitas vezes sorrir ao ver num espelho a minha imagem e a dele, provavelmente porque as tomava como objetos reais; mas deu provas de discernimento quando se mostrou surpreso ao ouvir minha voz atrás dele. Como todas as crianças, ele gostava muito de se ver no espelho e, em menos de dois meses, compreendeu perfeitamente que aquilo não passava de uma imagem, pois, se eu fizesse uma careta sem pronunciar uma palavra, ele se voltava bruscamente para me olhar ... Os macacos das espécies superiores aos quais eventualmente apresentei um espelhinho comportavam-se de maneira bem diferente: punham suas patas atrás do espelho, o que era uma prova de inteligência; mas, longe de sentirem prazer em se ver, aborreciam-se e não queriam mais olhar."[39] *Darwin*

★

## O rosto da mãe é o primeiro espelho da criança

*Winnicott comenta o artigo de Lacan sobre "o estádio do espelho" observando que o autor não se refere ao rosto da mãe em sua função de espelho. Entretanto, em outros textos que citamos*

***adiante, Lacan não hesita em mencionar o fascínio do bebê pelo rosto da mãe.***

"O artigo de Jacques Lacan sobre 'O estádio do espelho' decerto me influenciou. Trata-se da função do espelho no desenvolvimento do eu de todo indivíduo. Entretanto, Lacan não relaciona o espelho e o rosto da mãe como me proponho a fazê-lo. ... Eis que agora, num dado momento, o bebê olha à sua volta. Talvez um bebê no seio não olhe o seio. É mais provável que olhe o rosto. O que o bebê vê ... quando volta o olhar para o rosto da mãe? Geralmente, o que ele vê é ele mesmo. Em outros termos, a mãe olha o bebê e *o que seu rosto exprime está em relação direta com o que ela vê*."[40] *Winnicott*

***O primeiro espelho em que a criança descobre sua imagem é o rosto enternecido de sua mãe. Assim, o bebê sente-se existir no brilho do olhar emocionado que sua mãe lhe dirige. Eis o que diz Lacan sobre isso:***

"Essa falta de coordenação sensório-motora não impede o bebê de ficar fascinado pelo rosto humano, quase no mesmo instante em que abre os olhos para a luz do dia, nem de mostrar, da maneira mais clara, que, entre todo mundo que o cerca, ele distingue sua mãe."[41] *Lacan*

*

* *

## *Referências dos excertos citados sobre o conceito de imagem inconsciente do corpo, de Dolto*

1. *L'Homme Moïse et la religion monotheiste*, Paris, Gallimard, 1986, p.229.
2. "Exposé de Mme. Dolto", in *Colloque sur la fonction des images*, La Documentation en France, número especial, 3 bis, Éditions Documentaires, Industrielles et Techniques, 1964, p.86.
3. *Au jeu du désir*, Paris, Seuil, 1981, p.69.
4. *L'Image inconsciente du corps,* Paris, Seuil, 1984, p.49.
5. *Au jeu du désir*, op.cit., p.73.
6. *Le sentiment de soi*, Paris, Gallimard, 1997, p.114.
7. Ibid., p.39.
8. *L'Image inconsciente du corps*, op.cit., p.49.
9. *Le sentiment de soi*, op.cit., p.117.
10. Ibid., p.33.
11. *L'Image inconsciente du corps*, op.cit., p.50.
12. Ibid., p.55.
13. Ibid., p.57.
14. *Le sentiment de soi*, op.cit., p.25.
15. Ibid., p.265.
16. *L'Image inconsciente du corps*, op.cit., p.16.
17. Idem.
18. *Le sentiment de soi*, op.cit., p.180.
19. *O Seminário*, livro 4, *A relação de objeto*, Rio de Janeiro, Zahar, 1995, p.56.

## *Referências dos excertos citados sobre o conceito de imagem do corpo, de Lacan*

20. "Le moi et le ça", in *Essais de psychanalyse*, Paris, Payot, 1981, p.238.
21. *Cinq psychanalyses*, Paris, PUF, 1973, p.306.
22. "Psychologie des foules et analyse du moi", in Essais de *psychanalyse*, op.cit., n.2, p.129-30.
23. "Jacques Lacan: Conférences et entretiens dans des universités nord-américaines", in *Scilicet*, n.6-7, Paris, Seuil, 1976, p.54.
24. "Conférence à Genève", in *Le Bloc-Notes de la Psychanalyse*, n.5, 1975.
25. *Le Séminaire*, livre XIII, *L'Objet de la psychanalyse* (inédito), lição de 27 abr 1966.
26. "Quelques réflexions sur l'Ego", in *Le Coq-héron*, n.78, 1980, p.3-13.
27. *Escritos*, Rio de Janeiro, Zahar, 1998, p.190.
28. Ibid., p.837.

29. Ibid., p.832.
30. *Le Séminaire*, livre IX, *Problèmes cruciaux de la psychanalyse* (inédito), lição de 3 fev 1965.
31. *Escritos*, op.cit., p.836.
32. *Le Séminaire*, livre XIII, *L'Objet de la psychanalyse* (inédito), lição de 23 fev 1966.
33. *Escritos*, op.cit., p.186.
34. Ibid., p.115.
35. Idem.
36. *O Seminário*, livro 1, *Os escritos técnicos de Freud*, Rio de Janeiro, Zahar, 1979.
37. *Escritos*, op.cit., p.182.
38. Ibid., p.251.
39. C. Darwin, *A expressão das emoções nos homens e nos animais*, São Paulo, Companhia das Letras, 2001.
40. D.W. Winnicott, "O papel do espelho da mãe e da família no desenvolvimento da criança", in *O brincar e a realidade*, Rio de Janeiro, Imago, 1975.
41. "Quelques réflexions sur l'Ego", op.cit., p.9.

# *Seleção bibliográfica sobre o corpo e suas imagens*

## *Sobre o conceito de imagem inconsciente do corpo, de Dolto*

DOLTO, F. "Cure psychanalytique à l'aide de la poupée-fleur", in *Revue Française de Psychanalyse*, t.XIII, n.1, 1949; e "À propos de la poupée-fleur", comunicação seguida de um debate com Jacques Lacan, Serge Lebovici e outros, in *Revue Française de Psychanhalyse*, t.XIII, n.4, 1949.

____. "À la recherche du dynamisme des images du corpos e de leur investissement symbolique dans les stades primitifs du développement infantile", conferência realizada em 9 out 1956, seguida por um debate em 4 dez 1956, in *Le sentiment de soi. Aux sources de l'image du corps*, Paris, Gallimard, 1997.

____. "Exposé de Mme. Dolto", in *Colloque sur la fonction des images*, colóquio organizado pelo Cercle Culturel de Royaumont em 16-21 dez 1961, La Documentation en France, número especial, 3 bis, Éditions Documentaires, Industrielles et Techniques, 1964, p.86.

____. "Préface du dr. Fraçoise Dolto" (1972), in A. Muel, *L'Éveil de l'esprit*, Paris, Aubier, 1988, p.7-40 e 113.

____. "À propos d'enfants psychotiques", in *Lettres de l'École Freudienne de Paris*, n.24, 1978, p.233-41.

____. "Personnologie et image du corps", in *Au jeu du désir*, Paris, Seuil, col. Points, 1981, p.60-95.

____. *L'Image inconsciente du corps*, Paris, Seuil, col. Points, 1984, 1992.

____. *Le sentiment du soi. Aux sources de l'image du corps*, Paris, Gallimard, 1997.

____. "Autour du miroir par Françoise Dolto, avril 1983", in *Françoise Dolto: Une vie de correspondance, 1938-1988*, Paris, Gallimard, 2005, p.751. Nessa carta, Dolto critica a teoria lacaniana do estádio do espelho opondo-lhe sua própria concepção da imagem inconsciente do corpo.

DOLTO, F. e J.-D. Nasio. *Dialogue à France Culture*, 14-18 set 1987 (inédito). Realização de C. Dupont.

_____. *A criança do espelho*, Rio de Janeiro, Zahar, 2007. Esse livro é a transcrição da conversa entre Françoise Dolto e J.-D. Nasio ocorrida em 1985 por ocasião do lançamento do livro de Françoise Dolto *L'Image inconsciente du corps*.

DOLTO, F. e I. Roublef. "Réponses à Maud Mannoni", in *Lettres de l'École Freudienne de Paris*, n.2, 1967, p.72.

DOLTO, F. e J.-P. Winter. *Entretiens*, Paris, Gallimard, 2002.

*
* *

BERNARD, M. *Le corps*, Paris, Seuil, 1994.

BOLZINGER, C. "De Dolto à Lacan: L'Image inconsciente du corps et le signifiant", in *Esquisses Psychanalytiques*, n.13, 1990, p.116.

DAVID, P. "Le concept d'image du corps", in A. Colin, *La Séance de psychanalyse*, 1981, p.221-36.

FRANÇOIS, Y. *Françoise Dolto: De l'éthique à la pratique de la psychanalyse d'enfants*, Paris, Centurion, 1990.

GUILLERAULT, G. *Le corps psychique: Essai sur l'image du corps selon Françoise Dolto*, Éditions Universitaires, 1989.

_____. *Les deux corps du moi: Schéma corporel et image du corps en psychanalyse*, Paris, Gallimard, 1996.

JANVIER, H. "Effets pathogènes chez les soignants de la détérioration de l'image du corps du grand brûlé", in *Thérapie Psychomotrice et Recherches*, n.93, 1992.

LACAN, J. *O Seminário*, livro 4, *A relação de objeto* (lição de 5 dez 1956), Rio de Janeiro, Zahar, 1995, p.76-92.

LEDOUX, M.H. "Introdução à obra de Françoise Dolto", in *Introdução às obras de Freud, Ferenczi, Groddeck, Klein, Winnicott, Dolto e Lacan*, sob a direção de J.-D. Nasio, Rio de Janeiro, Zahar, 1994, p.202-46.

_____. *Introduction à l'œuvre de Françoise Dolto*, Paris, Payot, col. Petite Bibliothèque Payot, 1995.

_____. *Dictionnaire raisonné de l' œuvre de F. Dolto*, Paris, Payot, 2006.

MARC, V. e O. *Premiers dessins d'enfants: Les traces de la mémoire*, Paris, Nathan, 1992.

MICHAUD, G. "La notion d'image du corps' dans la clinique psychanalytique", in *Esquisses Psychanalytiques*, n.8, 1987, p.53-81.

NASIO, J.-D., "L'Image du corps: un concept psychanalytique", in *Thérapie Psychomotrice et Recherches*, n.97, 1993, p.4-17.

_____. "Um testemunho sobre a clínica de Françoise Dolto", in *Introdução às obras de Freud, Ferenczi, Groddeck, Klein, Winnicott, Dolto e Lacan*, sob a direção de J.-D. Nasio, Rio de Janeiro, Zahar, 1994, p.248-58.

____. "Je suis madame Dolto, je suis psychanalyste et je dis la vérité de la vie aux enfants", prefácio a M.H. Ledoux, *Dictionnaire raisonné de l'œuvre de F. Dolto*, Paris, Payot, 2006.

## *Sobre o conceito de imagem do corpo, de Lacan*

FREUD, S. *A correspondência completa de Sigmund Freud para Wilhelm Fliess – 1887-1904*, Rio de Janeiro, Imago, esgotado.

____. "O eu e o isso", in *ESB*, vol.XIX, Rio de Janeiro, Imago.

LACAN, J., *Escritos*, Rio de Janeiro, Zahar, 1998, p.73-4, 81-2, 87-8, 91-5, 107-8, 112-8, 179-83, 185-94, 220-1, 558, 681-5, 731-2, 832-3 e 836-7.

____. "O estádio do espelho como formador da função do Eu, tal como nos é revelado na experiência psicanalítica", in *Escritos*, op.cit., p.96-106.

____. "Some reflections on the Ego", in *International Journal of Psychoanalysis*, vol.34, 1953, p.11-7. Publicado em francês como "Quelques réflexions sur l'Ego", in *Le Coq-héron*, n.78, 1980, p.3-13.

____. *O Seminário*, livro 1, *Os escritos técnicos de Freud*, Rio de Janeiro, Zahar, 1978.

____. *O Seminário*, livro 4, *A relação de objeto*, Rio de Janeiro, Zahar, 1995.

____. *Le Séminaire*, livre VI, *Le Désir et son interprétation* (inédito), lições de 10 dez 1958 e 11 fev 1959.

____. *Le Séminaire*, livre IX, *L'Identification* (inédito), lição de 2 mai 1962.

____. *Le Séminaire*, livre XII, *Problèmes cruciaux de la psychanalyse* (inédito), lição de 3 fev 1965.

★
★ ★

BALTRUŠAITIS, J. *Le miroir*, Paris, Seuil, 1978.

BELTING, H. *Pour une anthropologie des images*, Paris, Gallimard, 2004.

BENNETT, D.H. "Le concept de corps", in *Journal of Ment. Sc.*, 106, 1960, p.56-75.

BRETON, S. (org.). *Qu'est-ce qu'un corps?*, Musée du Quai Branly e Flammarion, 2006.

BÜHLER, C. *Soziologische und Psychologische Studien über das erste Lebensifahr*. Iena, Fischer, 1927.

CAPLAN, H. "Quelques considérations sur le concept d'image du corps dans le développement de l'enfant", in *Qua. J. Child Beh.*, n.4, 1952, p.382.

CAILLOIS, R. "Images, images: Essays sur le rôle de l'imagination", in *Obliques*, J. Corti, 1987.

DARWIN, C. *A expressão da emoção nos homens e nos animais*, São Paulo, Companhia das Letras, 2001.

DELEUZE, G., *Cinéma 1. L'image-mouvement*, Paris, Minuit, 1983.

____. *Cinéma 2. L'image-temps*, Paris, Minuit, 1985.

FEDERN, P. *La psychologie du Moi et les psychoses*, Paris, PUF, 1979.

GALIMBERTI, U. *Il corpo, Opere V*, Milão, Giangiacomo Feltrinelli Editore, 2005.

GERSTMANN, J. "Aspects psychologiques et phénoménologiques de l'image du corps", in *Journal Nerv. Ment. Dis.*, 126, n.6, 1958, p.499-512.

GIUMMARRA, M.J., S.J. Gibson, N. Georgiou-Karistianis e J.L. Bradschaw. "Mechanisms underlying embodiment, disembodiment and loss of embodiment", in *Neuroscience and Biobehavioral Reviews*, n.32, 2008, p.143-60.

HOFFER, W. "Le développement du Moi corporel", in *Psychoanal. Study of the Child*, 1950.

LHERMITTTE, J. "L'Image de notre corps", in *Nouvelle Revue Critique*, 1939, Paris, L'Harmattan, 1998.

LINN, L. "Certains aspects du développement de l'image du corps", in *International Journal of Psychoanalysis*, 1955.

PANKOW, G. *L'Homme et sa psychose*, Paris, Aubier, 1969.

PETTIGREW, D. "Le corps inconscient dans la théorie de J.-D. Nasio". Conferência inédita realizada em 15 nov 2005 no âmbito dos Seminários Psicanalíticos de Paris, a ser publicada em inglês em *Rethinking Facticity*, sob a direção de François Raffoul e Eric Nelson, Universidade de Nova York, 2008.

PREYER, W. *L'Âme de l'enfant: Observations sur le développement psychique des premières années*, Alcan, 1887; Paris, L'Harmattan, 2005.

ROUDINESCO, E. *Jacques Lacan: Esboço de uma vida, história de um sistema de pensamento*, São Paulo, Companhia das Letras, 1994.

SCHILDER, P. *L'Image du corps: Étude des forces constructive de la psyche*, Paris, Gallimard, 1968.

WALLON, H. *Les origines du caractère chez l'enfant*, Paris, PUF, 1949, p.191, 225-32.

____. "Niveaux et fluctuation du moi", in *Évolution Psychiatrique*, jan-mar 1956, p.389-401; reproduzido em *Enfance*, 1-2, 87-97, 1963.

____. "Comment se développe, chez l'enfant, la notion de corps propre", in *Journal de Psychologie*, XXVIII, 1931, p.705-48; reproduzido em *La reconnaissance de son image chez l'enfant et l'animal*, sob a direção de P. Mounoud e A. Vinter, Delachaux e Niestlé, 1981, p.21-46.

____ e L. Lurçat. *Dessins, espace et schéma corporel chez l'enfant*, ESF, 1987.

WINNICOTT, D.W. "O papel do espelho da mãe e da família no desenvolvimento da criança", in *O brincar e a realidade*, Rio de Janeiro, Imago, 1975.

ZAZZO, R. "Image du corps et conscience de soi", *Enfance*, 1, 1948.

# *Índice geral*